林少华　止庵　联袂推荐
翻译家、学者　作家、评论家

　　一般认为萧红一生的悲苦是外界环境和遇人不淑所造成的，而月下这本书认为源于她自己的性格——性格即悲剧。角度新颖而客观合理，行文晓畅而暗含机锋，读来耐人寻味，欲罢不能。

——翻译家、学者　林少华

　　萧红是中国现代文学史上迄今仍然被大家经常提到的为数不多的作家之一，不仅因为所著《呼兰河传》《生死场》《小城三月》等广为流传，不断印行，也因为她不幸的生平和坎坷的感情经历。月下的《此生注定爱就是痛》记述了萧红的一生，充满理解，多有同情，发前人之所未见，值得一读。

——作家、评论家　止庵

此生注定爱就是痛

Xiao Hong

月下/著

世界那么广阔,而我却把自己的天地布置得这么狭小。

——萧　红

自序　疾风吹折累凌霄

我总是不大喜欢太容易爱上一个人的人，"容易"意味着门槛低，这一低，就会有很多很多鱼龙混杂着进来。我喜欢水仙的姿态，独自开落，独自照影，它的骄傲不允许品位低劣的人来采摘，不允许把自己的优雅浪费在没有欣赏眼光的人身上。日月如梭，她安静地、低调地，等着一声蓦然回首的叹息，一抹会心一笑的眼神。她要的是真正的理解。

萧红终究没有那么孤芳自赏，淡然处之，她像极了凌霄花，藤蔓相连却又硬骨铮铮（这本身就是一个矛盾，自尊心强却又无法独立），为了追求爱情以"娜拉"的莽撞范本离家出走，她的逃离是破釜沉舟，然而，舟真的沉了，她又不得不紧紧地抓住任意漂来的浮木——舟的碎片。所以她的第一个男人竟是她拼了命逃离的人——家长包办的未婚夫。荒谬得几近可笑。就像旅行的人，走着走着就忘记了目的，也许，她只是为了反抗而反抗，对于反抗的是什么，是从来顾不得看上一眼的。

她还年轻，还不懂得爱情。所以，一个人身怀六甲在旅馆里等待那个以筹钱为由离开的男人。

张爱玲说中国是一个爱情荒芜的国度。谁帮助你谁可成为你的依赖，你就要嫁了谁。爱情本来是一种感觉，在这里却成了互惠。没有必然，只有可能性，不是非你不可，而是你也可以，就在一起了。

"他像一场大雨，很快就会淋湿你，但云彩飘走了，他淋湿的就是别人。"洪水中，萧军真的是那场大雨，他淋湿了她的心。他恰恰有一种蛮暴的热情，她恰恰对这种热情毫无抵抗力。

她忽略了"理解"这一要素。当萧军吼着"我是一个粗人，很少去理解你，可是我从来没想过要离开你"的时候，疲软无力的萧红只有无可奈何地说："是我想离开你，可是离不开。"

她离不开。

曾有人"怒其不争"地质问道：她就不能一个人活吗？

她不能，她始终没有长大，这就是幼稚的代价。她很容易地爱上一个人，又很轻易地被一个人抛弃了。这是不是一种不自爱，或者自虐情结呢？又或者，是太爱自己，所以不停地要别人也来爱自己——像三毛，总是很容易在人群中找到可爱之人。无论如何，还是可爱之人，即便只是一刹那。她的天真、单纯、脆弱，让她轻易地爱了。

记得有个八卦女人说，才女大多是不幸的，不是没嫁出去，就是没有孩子。而张爱玲在《同学少年都不贱》中借赵珏之口说出：她最可夸傲的是她不会为任何爱情以外的理由结婚。她对所有虚伪的婚姻予以蔑视。

每个人都有自己的选择，幸与不幸不是别人可以定义的，更不是以结婚生子为标准的，这世俗的圆满啊——萧红是拼了命地去求了。

有些人说是生活所迫，男人和女人需要扶持着一起走，那婚姻就完全成了合作关系，爱情只是虚设。

她的凄婉，她的悲苦，与她自己的作为并非完全没有关系，她的婚姻是合作关系多过了爱情关系，她永远是被选择，被安排。有人说她拒绝给定，拒绝平庸，她拒绝了别人的给定，却接受了时势的给定，因为她的柔弱无法与命运对抗。寒冷、饥饿与病痛，很少有人能够在这样的条件下追求理想，很少有作家像她一样体验过饥饿的滋味，大概沈从文也是贫苦的，但在那样一个社会环境中，男权当道，女人仍旧是弱者，有所追求必定要付出比男人更多的代价，在她的漂泊岁月中，是"只有饥饿，没有青春"的。这苦难也加剧了她对另一半的迫切依赖。

电影《萧红》（已经把萧红妖魔化，以俗滥的感情捏造为主）却反过来追问，其中一句旁白：为什么所有走近她的男人都会爱上她？我想是因为爱上她很容易，婚姻经济学中讲过，难易决定概率。

尼采说：(高等人)把他们的价值和非价值当成普遍适用的价值和非价值，便陷于理解发生困难和不切实际的地步。倘若这类特殊的人并不自感特殊，那他们怎么能理解卑贱者呢！怎能正确评估世情常规呢！于是，他们就议论着人类的愚昧、不当和空想，他们大为惊讶，世界何以如此混乱？

如果我们以"高尚者"和"傲慢者"去观察萧红的一生，肯定会认为萧红的世界是卑贱的，非价值的，混乱的，但是有足够理性的张爱玲早就说过：世界是混沌且丰富的。张爱玲是让我们以作品懂人生，萧红则让我们以人生懂人生，她的人生正像张爱玲笔下的小人物，没出息，不干净，不纯粹，爱情的背后是一地鸡毛。

所以，我们以常人的价值标准来看待萧红。

从她对萧军的争取到对端木的捕获到对聂绀弩的欺瞒可以看出，萧红的本性里潜伏着小女人的狡黠和虚荣，然而这也是一般女子或者说普遍的个体生命求生的某种本能。正如在萧红的小说里一直表现的人物，他们过多地用本能活着。

如果她喜欢，那又何妨呢？人往往会跟着感觉走，无论是萧军处还是端木处，都是此心安处是吾乡。然而，此安处并非永久的安处，她敏感而脆弱的心性使自己容易感受到不满，她的任性让她给这"不满"寻找出口，萧红是个真性情的女子，这真性情来得不顾一切（或者是对一切视而不见，这一点与张爱玲相反，张是洞察一切，所以张的小说里多是聪明人，萧红笔下人物的坎坷不幸是命运和外界环境造成的，她本身就是被碰得头破血流的），索性任性为之——这里可见出她的身上存在着浪漫因子——但凡任性都会流于盲目，盲目又是悲剧的根源。

也正是由于这种性格，造就了文学上的另类成功，鲁迅、胡风等人特别推崇萧红的小说，对于她的第一篇《生死场》，鲁迅赞之为："北方人民对于生的坚强，对于死的挣扎，却往往已经力透纸背；女性作者的细致的观察和越轨的笔致，又增加了不少明丽和鲜艳……"胡风也说："萧红是凭个人感受和天才创造的。"萧红的小说之所以具有原生态的美，是因为她是以孩子的目光观察这个世界的，敏锐、纯粹、纤细，像莫言小说《红萝卜》里的那个小男孩，具有常人所没有的观察能力，仿佛是一种特异功能，听得到风和植物的语言。她的小说风格别致而独特，甚至会被人误认为稚拙，但正是这种不加修饰的稚子涂鸦般的质朴给文坛带来一股陌生又新奇的荒野之风。她无限逼真地描摹了黑土地的荒凉景致和这片土地上人生的苦难，有别于张爱玲的都市鬼魅，和沈从文的世外桃源，站成文学史上另一飒爽风景。

萧红说：人，是需要为着一种理想而活着。她的理想便是对爱和温暖的追求，无论是在小说中还是实际生活中。她的小说里有一种深深的爱的伤感和对于苦难的生命的悲悯，和在悲悯中对温暖的渴望，充满人文精神和人道关怀；她自身，也把对于爱情的冒险（不是追逐）当成了理想，从异乡到异乡，从一个爱人到另一个爱人……这个20世纪30年代的文学洛神用极其短暂的生命谱写了一曲凄婉的歌谣。

月　下

2013年6月14日

目录 Contents

自序　疾风吹折累凌霄

第1章　萧红与家族　1

梦一样的童年　3

一切只为上学故　9

一场风花雪月的故事　14

逃离，失败，再逃离　18

流浪的脚步走遍天涯　23

第2章　萧红与萧军　29

从"拯救"开始的宿命　31

贫困中的无力感　38

用什么对抗这无边的虚无　45

关于爱的哲学　50

我要和你同姓　57

他的恋人来了又去　62

我的眼泪只为你流　70

源源而来捂不住的伤　77

这真是一个发疯的社会　83

你不过是英儿的玫瑰　90

第3章　萧红与鲁迅　99

千里马遇上伯乐　101

沉浸于慈父般的爱　108

天空变得阴沉沉　114

被扣的"爱情"之名　122

第4章　萧红与端木蕻良　129

一个温柔且善良的人　131

最纯洁的三人行　136

《红楼梦》里的痴丫头　143

小竹棍的象征　149

走出你骄傲自负的料定　155

对一个女人最大的赞赏　160

危险的想象是毒药　168

不为人见的蜜月生活　176

缄口不言的尊重　184

落红无语对萧红　191

第 5 章　萧红与骆宾基　*195*

　　她又遇上了骆宾基　*197*

　　捱不过多愁多病身　*202*

第 6 章　萧红的文学世界　*209*

　　《生死场》中的失语　*211*

　　《呼兰河传》中的情调　*215*

　　《小城三月》凄美的爱情故事　*219*

　　《马伯乐》一场闹剧　*222*

结　语　人，得自个儿成全自个儿　*227*

主要参考文献　*235*

第1章　萧红与家族

　　我家有一个大园子，这园子里蜂子、蝴蝶、蜻蜓、蚂蚱，样样都有。蝴蝶有白蝴蝶、黄蝴蝶。这些蝴蝶极小，不太好看。好看的是大红蝴蝶，满身带着金粉。蜻蜓是金的，蚂蚱是绿的，蜂子则嗡嗡地飞着，满身绒毛，落到一朵花上，胖圆圆的就跟一个小毛球似的不动了。

——摘自萧红《我和祖父的园子》

1914年冬,萧红与母亲合影。

相片中三岁的小荣华(萧红小名),穿戴整齐利落,衣服的质地和母亲身上的一样,十分考究。小女孩抿着小嘴,自信而灵气,很难想象是那种从小不被父母关爱,甚至遭虐待的孩子。

梦一样的童年

"黄瓜愿意开一个黄花就开一个黄花，愿意结一个黄瓜就结一个黄瓜。若都不愿意，就是一个黄瓜也不结，一朵花也不开，也没有人问它。"萧红的童年便如这黄瓜一样自由舒展，被放养在后园里。后园常见的身影还有祖父。她跟在祖父的后面，祖父拔草，她就拔草，祖父栽花，她就栽花，抬头看见一个黄瓜，跑过去摘了又吃黄瓜，黄瓜没吃完，又去追从眼前飞过的蜻蜓去了……

儿童急走追蜻蜓，飞入菜花无处寻了——

花开了，鸟飞了，虫子说话了，一切都活了，仿佛一个童话世界，在远离人类的另一端——电影《大鱼》中的父亲躲避现实世界，给儿子塑造了一个童话世界，他一开口，一切静止的东西都活过来，直到儿子不再相信童话——萧红不需要塑造，她真生活在这样的童话中，与自然对话，便能与自然融为一体，成人大多都失去了这种幸福。她童稚却又敏感的心灵感受着大人们所无法感知的东西，蝴蝶从谁家来，又飞到谁家去？太阳也不知道这个。她也不知道，她也不问，管它呢！找个阴凉的地方睡觉去，跷着腿，把草帽遮在脸上，自豪地说：

"我三岁了,不然祖父该多寂寞。"

比在百草园里摘覆盆子吃的鲁迅舒服多了,因为她不用怕美女蛇。

虽然祖母有些凶,但她还有办法吓唬祖母。她又淘气又调皮,不受一点压制,看见祖母的窗纸漂亮,就用手指头嘭嘭地去捅个洞,就为了嘭嘭的那个声儿,好似褒姒喜欢听裂帛的声音。有一次,她正起劲儿地戳着,忽然手痛了一下,赶紧缩回来,发现祖母正举着针在窗外等着她。她从此就不喜欢祖母了,祖母分给她糖吃,给她猪腰吃,她吃了之后还是不喜欢祖母。逮住祖母病重的时候,追不上她,她故意用拳头在墙壁上咚咚打了两下,吓掉了祖母手中的铁火剪子。

这些事情想起来真是好玩极了。还有更好玩的。有一次,她小心地摘了一大堆玫瑰花,悄悄地一朵一朵地插在低头忙碌的祖父的草帽上,祖父说:"今年春天雨水大,咱们这棵玫瑰开得这么香,二里路以外也怕闻得到的。"这使她笑得哆嗦起来。祖父顶着这草帽进了屋,祖母一见大笑起来,父亲母亲也笑起来,而她自己更是打着滚笑。后来还时常打趣祖父,"爷爷……今年春天雨水大呀……"

真是古灵精怪,她咯咯笑得发颤的小身躯那般可爱,让你想去抚摸,逗玩。若说萧红的童年是不幸的,这是一种错误的认知,即便父亲在外为官,难得见到一次,母亲忙着照顾小弟弟,祖母又很严厉,萧红的童年还是很幸福的。与那些底层的贫困人家相比较,她出生于乡绅地主家庭,衣食无忧,生活富足。她本名张乃莹,远祖张岱和弟弟张明贵在清嘉庆年间到黑龙江省阿城县三区二甲福昌号屯一带开荒,逐渐发达起来。到了第四代，也就是萧红祖父张维祯这一代，家业庞大，由于内部矛盾分了家，张维祯分得呼兰的房产和一处油坊，带领妻女离开阿城，搬到呼兰定居。因无儿子，过继了堂弟张维岳第三子张廷举来延续子嗣，即萧红的父亲。萧红出生于1911年6月2日的呼兰县，此时张维祯家虽已成衰落之势，但张家大院也有房舍三十多间，他们住东院，西院做库房和给佃户居住，后来还租给一些做小生意的穷人。后院还有可供她玩乐的这么一个大园子，最重要的还有她的祖父。

祖父有多疼爱她呢？

小猪掉进井里，祖父买了来，涂上一层黄泥给她烧了吃；鸭子掉进井里，祖父又买了来涂上泥给她烧了吃，因那香味，她就天天等着再有鸭子掉进井里，可是每次鸭子好好地绕过去了，她就拿着竹杆追赶鸭子，企图把它们赶到井里去……是宠爱娇惯了她的活泼和淘气。

祖父还教她念《千家诗》，他念一句，她就跟着念一句，这算是最初的启蒙教育，萧红与文学最早的接触。抑扬顿挫、琅琅上口的韵律吸引了萧红，她早晚缠着祖父念诗，为了引起别人注意甚至大声喊诗，祖父怕她喊坏了喉咙，半玩笑半吓唬地说："房盖被你抬走了。"她喜欢响亮顺口的诗，那时已经感觉到"处处闻啼鸟"中的叠字"处处"读着好玩了。当有客人来，祖父喜欢呼她来念诗，还夸她聪明、灵秀，可见她是他的骄傲。

种种情形都说明萧红的童年是丰富有趣的，并不像茅盾先生讲的"一位解事颇早的小女孩每天的生活多么单调呵"。萧红在《呼兰河传》中说："祖父非常地爱我，使我觉得在这个世界上，有了祖父就够了，还怕什么呢？虽然父亲的冷淡，母亲的恶言恶色，和祖母的用针刺我手指的这些事，都觉得算不了什么。何况又有后花园！后花园虽然让冰雪给封闭了，但是又发现了这储藏室。这里边是无穷无尽的什么都有，这里边保藏着的都是我所想象不到的东西，使我感到这世界上的东西怎么这样多！而且样样好玩，样样新奇。"

六岁那年，萧红产生拥有一个新皮球的渴望，她的祖母每次都答应她的央求，可是上街回来却又总是让她失望，所以她要一个人偷偷上街。因为从来没有单独上过街，她渐渐迷了路，慌乱中一位好心的车夫问明她的姓氏和父亲的名字，用马拉的斗子车送她回家，她想起大人们讲的一个乡巴佬蹲在洋车上的笑话，乡巴佬怕拉车的过于吃力，蹲着而不敢坐下，以为这样没有重量，车夫就不会收他的钱。作为小女孩的萧红觉得新奇，自己也蹲在车上。

家里人一见她总算回来了，蜂拥而上，萧红更是得意："看我！乡巴佬蹲东洋驴子！乡巴佬蹲东洋驴子呀！"洋车忽然放停，萧红从上面滚下来。祖父见状心疼地跳上去，打了车夫一个耳光，不但没给钱还把他从院子里轰了出去。萧红问祖父为什么要打车夫，是她自己要蹲着的，祖父教给她一个霸道且浅显的道理："有钱的孩子是不受什么气的。"这件事让萧红与祖父生了隔膜，成了难以释怀的记忆（连慈祥温和同情穷人的祖父都有这种阶级观念）。也从此，萧红的目光投向了住在西院的那些没钱的人，她进入了社会和生活，眼看着一个活生生的女孩子在遭毒打、跳大神、遭开水烫后被折磨致死；有二伯在贫困无望中因偷遭毒打，自杀未成后被人嘲笑；磨倌冯歪嘴子在贫贱中坚韧地活着,妻子死了,孩子还小……萧红对这些人充满同情与关爱,所以才塑造出有二伯、冯歪嘴子、小团圆媳妇等打动人心的形象(有个朋友说太喜欢萧红,但看完《呼兰河传》后就停止看萧红的小说了,我问为什么,她说看了很难过)。

日子绵绵地过着,由天真无邪的无忧无虑向忧伤和荒凉过渡。

萧红七岁的时候,祖母死了,家里来了很多亲戚,大姑母、二姑母还有兰哥,大门前吹着喇叭,院子里搭起了灵棚,一片哭声,还有和尚道士吹吹打打。天就要下雨了,萧红想回去拿草帽,却看见酱缸帽子,灵机一动,草帽也不去拿了,翻过酱缸帽子顶在头上就向后门走,想让祖父看看,找不到祖父就大声叫起来,连日来紧张忙碌的父亲正烦躁不堪,一脚将她踢到灶口的火堆上去,酱缸帽子也在地上滚着,家里人忙把她抱起来,她才发觉满屋子里的人都穿着白衣服——祖母已经死了,受了刺激和惊吓的小萧红并不知道死是怎么回事,只看到老祖父默默地流着眼泪,在他满是皱纹的脸上……

萧红和几个孩子在院子里玩耍,还被他们带到南河沿去了,她第一次看见了河。对岸没有人家,只有一片柳树的丛林,对于幼小的她来说遥远而神秘,她希望以后可以到那没人的地方去看看。

后来母亲也死了。

她似乎稍稍体会了一下死亡的含义,"母亲要没了吗?"她看着母亲腿上的黑点,母亲说:"你哭了吗?不怕,妈死不了!"她垂下头去,扯住了衣襟,母亲也哭了。"而后我站到房后摆着花盆的木架旁边去。我从衣袋里取出来母亲买给我的小洋刀。'小洋刀丢了就从此没有了吧？'于是眼泪又来了。"她用假设类比着生命中将要失去的东西，失去是一种痛苦，她第一次体会这种痛苦，第一次懂得"……从此没有了"。

没有家庭主妇支撑的家忽然变得一团混乱，张廷举既要工作又要打理家政，照顾老人和小孩，应接不暇，理所当然地，母亲姜玉兰死过百日，继母梁亚兰就来了。结婚以前，当父亲的一再嘱咐她要善待前房留下来的三个孩子，但继母终究是继母，正如萧红回忆道："这个母亲对我很客气，不打我，就是骂，也是指着桌子椅子来骂我。客气是客气了，但是冷淡了，疏远了，生人一样。"继母基本上没有虐待过萧红姐弟，但经常在萧红父亲面前告状，比如萧红去掏鸟窝，以前母亲碰到这种事骂一顿也就算了，但现在父亲知道了会斥责甚至殴打萧红，她与父亲的关系日益紧张起来。幼年丧母成年丧妻的张廷举脾气变得暴戾，刚愎自用。"九岁时，母亲死去，偶然打碎一只杯子，他就要骂到使人发抖的程度。后来连父亲的眼睛也转了弯，每从他的身边经过，我就像自己的身上生了针刺一样；他斜视着你，他那高傲的眼光从鼻梁经过嘴角而后往下流着。"母亲死后，萧红姐弟的生活主要靠祖父照顾，但是后来祖父染上了大烟瘾，也就无暇顾及萧红她们了。萧红的弟弟张秀珂描述自己当时的生活时说："爷爷后来有了嗜好（抽大烟），我就搬到下屋同老厨子睡在一起，我的被子冰凉凉滑腻腻的，黑得发亮，我和大厨子身上的虱子来回爬。"而且当时没有零用钱，早饭吃不饱，在豆腐坊拿两块豆腐吃，豆腐坊后来上家里要钱，父亲还要责骂张秀珂一顿。

毕竟不是亲妈，不是事事照顾得到，梁亚兰嫁到张家时还是个姑娘，有着活泼爱玩的天性，自然不是从小被教育成姜玉兰一样的贤妻良母，且做的是填房，被家里的厨子佣人瞧不起，她的处境有点像《金锁记》中的曹七巧，自卑又自负，在张家她是很孤独的，一开始觉得自己比不上那个能写会算的前房姜玉兰，后来又觉得识文断字的萧红瞧不起她。

据萧红堂妹张秀珉说："我三婶那时年龄也不算大，每到冬天放学回来，我三婶就像个活蹦乱跳的小孩子一样，领着我们玩'咬狗'的游戏……唯独萧红不玩，躲在西屋看书。我们多次让她跟我们玩，她一次也没玩过。"萧红的这种不合群让梁亚兰误解为看不起没有文化的自己。萧红再也不像小时候那样顽皮好玩了，她的求知欲让她喜欢独自沉思，在家里的大多数时间都是在看书，让人觉得她性格孤僻，直到成年还被人指责为"不懂世故"。

一切只为上学故

萧红爱沉思的个性源于她与别的孩子不同的感受力，和她的聪慧。小时候，大伯父张廷蕙是她唯一崇拜的人，大伯父也待她很好，经常给她讲解古文，还把族里其他兄弟叫来一起听。等讲完的时候，伯父总是说："别看你们是男孩子，樱花（萧红）比你们全强，真聪明。"还当着人夸奖萧红："好记力，心机灵快。"这种特质让她不再能满足于浅薄的娱乐，而是对未知充满了探索心理，产生了强烈的求知欲。1920年秋天，呼兰小学创立了女生部，萧红得以第一批进入初小读书，像人们常说的"开了智"，明显地表现出对知识的渴求。萧红的求知欲还源于生活的变故，阴郁、荒凉的景况，让她备感寂寞，所以心理重心转向对知识的渴求，以至于后来为了求学"不择手段"。

升中学时她扬言要去做修女，来与父亲中止她继续升学的决定对抗，后来又为了去北平上学与表哥陆哲舜出走，再后来因为未婚夫汪恩甲同意与她一起在北平读书而与其同居。似乎一切为了上学故，几乎让自己变得人不人鬼不鬼，在哈尔滨的冰天雪地里流浪，被当地的老鸨收留……

想当初，张廷举对萧红的教育是用了心思的，他认为呼兰县第一女子初高两级小学校教学质量比较高，就把萧红转入插班上六年级。曾在教育战线上工作的张廷举具有民主、平等的维新思想，据萧原《萧红家事匡补》记载："他常常对家人子弟们说，张家不管小子姑娘，一样同等对待，谁能出人才，我们就供他读书，女孩子有本事要抬举，在我们张家不讲男尊女卑。"他是当时相当开明的人，这也跟他自己年少时原在家乡阿城读书，到呼兰后争取继续读书的经历有关。萧红的祖母即范氏认为读书费钱无用，让他在家学习经营农商，他坚持不肯，执意到省城齐齐哈尔去上学。张维祯不愿意失信，就送他去读书，他天资很高，成绩优秀，奖励廪生，可获得官府发放的廪米的津贴，21岁毕业时，被授予师范科举人，分配到汤原县任农业学堂教员。此后，张廷举一直在教育界任职，1921年他被调回呼兰，任呼兰小学校长，1922年任教育委员会委员长、出版社社长、教育局局长等职，被呼兰县人民政府确认为开明士绅，被评价为"德高望重"。

可是，为什么萧红后来的求学之路那么艰难呢？甚至要借助"男人"这块"踏板"？

1925年，"五卅"惨案震惊中外，上海日本纱厂资本家枪杀工人顾正红，激起全国人民反日爱国的怒潮。哈尔滨各界纷纷组织"救国会""沪难后援会"。呼兰小城也闻风而动，教育局长王锡三带头倡议，成立"县沪难后援会"。青年学生、店员、工人纷纷走上街头游行抗议、讲演、募捐、演新戏宣传，萧红是其中的活跃分子。别人都不情愿去高县长、冯司令、大地主冯百川等居住的城南隅"八大家"去募捐，萧红约上一个同学就直闯了去，还让王百川的大太太掏出一元钱，弄得大太太脸上一阵红一阵白；萧红还参演了反封建包办婚姻的话剧《傲霜枝》，演得很逼真。这次社会活动让萧红像脱了缰的小马一样横冲直撞，毫不理会父亲"端庄稳重"的家训，她剪了长辫子，带动街坊邻居家的小姑娘从南街游到北街进行抗议"示威"。

萧红这些行为自然得罪了父亲的一些上司，还引来那些封建卫道士的非议和嘲笑，她成了众目睽睽的对象，这与父亲心目中"恬静文雅""知书达理"的大家闺秀形象大相径庭，他要制止她的任性恣肆，而且怕她受"男女平等"的新思潮影响变坏，做出有辱张家门风的"荒唐事"来，越是大家族越重视"脸面"（张廷举作为过继嗣子，对母亲的丧事严阵以待，不敢稍有差池，怕别人说他不孝，没良心；梁亚兰对萧红姐弟也是面上周到体贴，不能让亲戚朋友说出闲话来），所以，当萧红上完高小，要升入中学时，父亲瞪一瞪眼，"上什么中学？上中学在家上吧。"此时，在萧红眼里，父亲变成了一只没有一点热气的鱼类，是完全不具感情的动物。

　　升了学的同学纷纷给萧红来信，述说学校的趣事，萧红的心更是蠢蠢欲动。她消极反抗，每天除了在房间里看书就是在后园里溜达，继母看不惯便告诉父亲，张廷举斥责她"你懒死了！不要脸的！"骂女儿"不要脸"实在是严重侮辱性的词汇，尤其是作为男人的父亲，萧红顶撞他："什么叫不要脸呢？谁不要脸！"张廷举暴怒，一巴掌把她打倒在地。萧红从地上爬起来，没有哭，如果她哭了这一次，就像前面很多次一样，像所有的家长教训子女一样过去了，但她的倔强触怒了一心想在子女面前保持威严的父亲，从此两人算是杠上了。谁来说情让萧红上学张廷举就给谁脸色看，眼看萧红是上不成学了，连看重她的大伯父也说："不用上学，家里请个老先生念念书就够了！哈尔滨的女学生们太荒唐……女学生靠不住，交男朋友啦，恋爱啦，我看不惯这些。"在萧红眼中，伯父也变成了"严凉的石头"。

　　这些说辞很没有说服力，我一直不明白，若真如此，为什么伯父家的叔叔家的女儿张秀珉张秀琴都能上中学呢？季秀真说是因为张廷举经过两次大型开销（母亲的丧葬和父亲的寿诞）财力不支，要靠这位大哥来接济，所以不想让萧红上学，这种猜测显然是靠不住的，他还不至于为那点学费打压一个女娃；还有就是梁亚兰接连生孩子，要她照看弟弟妹妹，这理由也不充分，以萧红的个性继母还是宁愿找个女佣照看吧。

所以，我认为萧红不能升学的原因是她自己的性格造成的。在长辈眼中，越是倔强越容易成为被打压的对象，在壁垒森严的家族制度中，长辈们最看不惯的就是晚辈的"张狂"，最让长辈们害怕的也是这种叛逆之子——他们最容易惹出点事来，连累整个家族。据说萧红的堂妹都是老实、文静的姑娘。而且，萧红是最大的女孩子，是第一个，长辈们的做法又有枪打出头鸟的意味，她这一闹已经让家长的意志疲软了，其他姐妹就顺理成章悄无声息地有学可上了。所以说萧红也有点时运不济。

但她偏不是一个听从命运安排的人。

萧红实施了第一次"骗术"。她的一个同学为了躲避给高官做小老婆去教堂做了修女，她受到启发，扬言不让她到哈尔滨上学就去当修女，祖父一听跳起来大骂张廷举，说如果孙女去当修女他就死给他们看。此时萧红要当修女的事闹得满城风雨，张廷举在呼兰是很有名望的乡绅，如果女儿真当了"洋姑子"，他和他所顾及的整个家族的脸面将荡然无存，面对萧红的倔强，他知道自己只能妥协了。

第一回合，萧红赢。然而她要为她这赢付出代价，正如以后的日子每一次不计后果地闯过难关都将为更大的灾难埋下隐患。

一场风花雪月的故事

在你没有决定以前,你不要答应。你以为可以,以为半路上还可以改变,其实已经身不由己。年少时在我们看一些黑帮片的时候,总是为某些正面人物惋惜:为什么不先答应呢?权宜之计,先拖住那些坏蛋再说啊。慢慢地我们明白欺骗的代价是昂贵的,你无路可退。在升学的条件中,萧红已经答应的婚事根本不可能解除。家族的利益,对方的脸面,怎么能你一句不喜欢了就置众人于不顾呢?

据说未婚夫汪恩甲一表人才,风流倜傥,家道殷实,可能还是官僚之子,萧红见了也是亲口答应的,虽说是作为一个上学的条件,但她对这个人也是满意的。定婚不久,汪恩甲的父亲去世了,萧红随着继母梁亚兰去奔丧,以未过门的儿媳妇的身份,为汪父戴重孝,受到汪家和乡人的好评,得到200元的赏钱。

萧红与汪经常通信,还因为她的关系——她的期许,汪恩甲辞去教职,到哈尔滨法政大学夜校继续上学了(汪恩甲毕业的阿城第三师范学堂相当于一所中专学校,而哈尔滨有钱人家的子弟都在法政大学读书,萧红所在中学中不少女生的未婚夫也在法政大学读书,这对汪恩甲有一定的压力),他常以未婚夫的身份到学校里找她,她还为他织过毛衣,可见两人相处有过比较和谐的一段时光。

随着交往加深,思想上比较激进的萧红(萧红激进的思想,主要受"五四"新文化思潮的影响。进步老师高仰山曾引导她阅读中外文学作品,比如鲁迅、郁达夫、茅盾、冰心等，屠格涅夫、莎士比亚、歌德等，辛克莱对她的影响尤其深刻），开始对思想陈旧的汪恩甲产生了不满情绪，后来还发现他抽鸦片，更是无法忍受，他口碑不好，甚至连萧红的同学都说讨厌他，当时哈尔滨学界的圈子很小，萧红很容易通过同学好友了解到汪恩甲其人，加上当时那些志向很高的左翼青年更是看不上汪的纨绔习气，这些态度也左右着萧红对汪的感情，她逐渐后悔了。她回家后和父母谈起对汪的厌恶，希望退掉这门婚事，但家人觉得年轻人的毛病管教管教就行了，没有到退婚的严重地步，并不重视她的意见。

萧红觉得非常苦闷，萌发了去北平读高中的愿望，她认为到更广阔的天地中去，这样就可以摆脱这桩不如意的婚姻，然而事情并不如她所想。

我总以为婚姻只是习俗和制度的规约，它从来不是人类固有的本性，如果两人相悦，不妨就结婚吧，而不是为了结婚再去慢慢寻找相爱的感觉，所以人没有必要一定结婚，如果一定要结婚，那么正常的婚姻程序应该是先交往，互相了解之后再订婚或者结婚（毕竟是一种承诺），但是恒久以来的本末倒置让多少对情侣生出怨愤以至分道扬镳。然而，于萧红而言，这种分道也是不被允许的，大家族的婚姻牵一发而动全身，所有家长都有着近似的心理，只有萧红这个当事人的意见和感觉最不重要，她的婚姻不是她个人的婚姻。当她提出退婚的时候，家里人是反对的，这一次比第一次反抗更艰难，绝食、懒散、不理人都不中用了，她选择了出走。

与表哥陆哲舜一起出走北平。

陆哲舜在学生运动中也很活跃，处处流露出思想的锋芒和进步的理想。他积极支持萧红对专制家庭的反抗，怂恿她与自己去北平求学。

千万不要相信某些结了婚的男人，他们像极了张爱玲笔下的佟振保，"遇到的事不是尽合理想的，给他心问口，口问心，几下子一调理，也就变得仿佛理想化了……"他们的世界永远只是一个妥协的世界，然而却贪婪、懦弱、虚伪、自私。

萧红在没有其他选择的情况下选择相信了有妻有子的表哥，与表哥过从甚密。有风言风语传到家里，引起整个家族对她的不满，汪家也有所耳闻传话至张家质询，张廷举只好执意让萧红完婚。萧红大吵大闹，气得父亲大骂她"不肖"，继母眼看无计可施就搬出了萧红的大舅姜继业，姜继业声言"要打断这个小犟种的腿"，萧红从厨房抄了一把菜刀冲出来，和大舅对抗，姜继业失了脸面，灰溜溜地走了。

家里停止了萧红的学费供给，她与好友商量如何为生，同学徐淑娟竟然天真地说可以写稿子卖，由此萧红更坚定了逃婚的信心。陆哲舜先去北京安顿下来，并让好友李洁吾捎信给萧红，述说北平的情况。

为了阻止萧红到北京上学，张家和汪家急于给她和汪恩甲完婚，开始置办结婚用品，萧红知道再像以前一样硬拼不行了，便假装同意结婚，骗取了一笔嫁妆钱，只身去了北京。

陆哲舜与萧红住进二龙路西巷一座小院里，院中有八九间房子，两棵枣树，他们分住北房两头，陆进了中国大学，萧红进北师大附属女一中高中。开始的日子是愉快且热闹的，他们的住处成了东北青年聚会的场所，经常来的有在中国大学读书的苗堃，北京大学的石宝珊和女友黄静宜，在汇文中学做职员的李荆山，最积极的当数李洁吾。正如萧红在给好友沈玉贤信中说的，"现在正是枣儿成熟的季节，枣儿又甜又脆，可惜不能与你同尝。秋天到了！潇洒的秋风，好自玩味！"萧红与陆哲舜及李洁吾三人经常在院里煮枣子吃。

萧红享受着完整的友情与半成品的爱情，很是陶醉。一次，三人看电影《泣佳期》，谈到对友情、爱情的看法，李洁吾认为爱情不如友情，其局限性太大，必须发生在两性之间，且要在青春期；友情则没有年龄、性别的限制，最牢固。萧红却马上说，友情不如伙伴可靠，伙伴有共同的前进方向，走同一条路，成伙结伴，互相帮助，可以永不分离。叶君说萧红的这些想法比较前卫、新锐。

曾经有一次，萧红向李洁吾状告表哥对她非礼，李洁吾狠狠地骂了一顿陆哲舜，陆抱头痛哭。三个人的关系冷了一周之后又热络起来，李觉得自己没有了解清楚两个人的情况就发脾气实在不妥，写信说："风乍起，吹皱一池春水，干卿何事？"可见，他慢慢地悟到了两人的暧昧关系，觉得自己太多事了（如此多事的人还有萧红多年后认识的聂绀弩，只是李洁吾早有醒悟，而聂最终都没搞清楚状况）。

陆哲舜向家里提出离婚的要求，遭到家里坚决反对。双方争执不下。家里断了他的经济供给，他们只好缩减开支，正如鲁迅《伤逝》中的情况，没有经济基础的关系不再牢靠。

两人的日子一天天窘迫起来。天气越来越冷，萧红从家里偷偷跑出来并没有来得及带棉衣，同学们都换上了秋装，她却还穿着单衣，以至生了病，李洁吾从同乡那里借了20元钱给萧红，她才买了厚衣裤挡挡北方的风寒。

寒假临近,陆家来信警告陆哲舜,若假期回家就寄路费,不回的话就什么也不寄了。陆哲舜变得消沉起来,开始抽烟喝酒,两人的关系愈加冷漠。最终陆哲舜向家里妥协,收拾行装时萧红责备他是"商人重利轻别离",此时她才意识到自己被这个懦弱的男人害得好苦:你陪他走一程,他随时能抽身,他回到家里,还有个"家",而你什么也没有了,只能沉重地无可凭借地坠落,这桩"生意"从一开始就是不公平的,而在爱情的路上需要对等,不然只能从天平上摔下来。摔下来的萧红实在不愿意回去,她知道等待她的是什么。可是面对贫穷,她与陆哲舜一同败下阵来,双双离开北京回到了哈尔滨。

逃离,失败,再逃离

萧红摔得并不怎么痛,她对表哥的感情实不如王语嫣对慕容复,亦不会像如花一样凄凄哀哀死缠到底,陆哲舜去陪他的娇妻爱儿,萧红也一样回归她那"合法的依靠",被遗忘已久的未婚夫派上了用场。

回到哈尔滨,汪恩甲闻风而至,把萧红安排在东兴顺旅馆,他仍旧对她抱有爱恋,但是大哥汪大澄对这桩婚姻已经失望,一心想解除。经过这番折腾,萧红已经相当疲惫,加上对陆哲舜的幻灭感,不由得对眼前这个男人产生了依赖,尽管他有些庸俗、堕落，但却是真正爱她的人，她需要一个男人的支持，这样就不用再回那个冷冰冰的家，而且还能实现北平的求学梦。一个为了上学，一个为了结婚，两人很快达成协议，萧红答应嫁给汪恩甲，汪恩甲也同意一起到北平继续读书。

汪大澄听说弟弟与萧红在旅馆同住，气愤异常，大骂汪恩甲懦弱无能，辱没家门。于是断了经济供给，待他回家取钱时将他扣留。萧红一直不见汪恩甲回来，就亲自赶到汪家，被汪母和妹妹骂了出来，汪大澄也站在门口告诫萧红一定要与其弟解除婚约。

萧红或许没有意识到她与男人出走已经自贬身价，成为公众唾弃的对象，被汪家赶出家门令其非常气愤，第二天她便找律师拟了一份诉状，控告汪大澄代弟休妻。

福昌号张家在哈尔滨也算颇有势力，社会关系较广，张廷举虽然痛恨萧红，但因关乎家族的声誉，庭审当天，还是与梁亚兰等其他族人前来参加，萧红还打电话给同学刘俊民的爱人，通知她也来参加以壮声威。眼看着汪大澄即将败诉，汪恩甲怕哥哥受到法律处分，并为了保全哥哥的名声，当庭承认是自己要解除婚约的，与汪大澄无关。这场官司成了一场闹剧，张家人颜面尽失，不愿再多看萧红一眼，默默离席。稳操胜券的萧红自然没想到会是这样的结局，恼羞成怒，对于汪恩甲解除婚约是迫于形势的解释再也不想听了，更没有回家的勇气，于是重返北平。

你仗着他喜欢你就与他的家人对抗，你必输，因为这不是一出梁祝，没有生死相许，每个人看到你在这爱情天平上所抱持的侥幸心理。这一役，萧红是理不直气不壮的，只是耻辱的历史上再加一笔，难怪以后的日子里她从来不提她的身世，她的经历——被人欺骗被人抛弃被人伤害并不是什么大不了的事，甚至会引发同情（她在东兴顺旅馆给裴馨园写信就利用了这一点），但是，自取其辱就是尴尬万分的事，她怎么可能外扬？回北京后的萧红在朋友面前只是一味沉默，像张抗所说："萧红的自尊心很强，同时又很脆弱，因此她一生中的大部分是在寂寞孤独中度过的。"诉说仅限于可以说的话，但她的作为多是不足为外人道的，所以只好一个人默默承受，以至身心俱疲，轰然病倒。

李洁吾仍旧常来小院照顾萧红，与之闲谈。

一天，他们正在闲谈，一个男人闯进来。李洁吾正猜疑来人是谁，萧红介绍说："这是汪先生。"李洁吾赶紧自我介绍，说是陆哲舜的朋友，受托来看望萧红。汪恩甲对李洁吾没有理会，显然对萧红单独与别的男人在一起心存疑忌和不满。见李洁吾仍不起身告辞，他便在桌上玩起银元来，似乎是在向李示威。

后来，李洁吾不放心萧红，又去了几次，但都没见到萧红。

之后朋友高原也去看过她，注意到墙壁上挂着一张用铅笔描画的头戴鸭舌帽的男人头像，萧红介绍说："这是密司特汪。"并很平静地告诉他们自己即将和这个"密司特汪"结婚。在朋友们看来萧红说到自己的结婚时表情有些木然，显然结婚对她来说并不是多么兴奋的事，不过是"走路""吃饭"一样的过场（后来有朋友说她谈到端木时的表情亦如此，可见萧红的婚姻与爱情的关系有多少）。1933年8月，萧红的好友徐淑娟在写给高原的信中说："你看，乃莹是生死莫测！而且即使活着,也已经为密司特汪的眼泪所软化而做着'贤妻'了。乃莹,是我们战线上一位很有力的斗士,现在投降了!为了这,几乎连自己都怀疑起来……"

一个说要回家完婚,一个说要留在北平上学,汪恩甲与萧红终于闹翻,萧红找李洁吾借钱,拿了钱就匆匆走了。后来李洁吾与高原都曾去找过萧红,却被告知萧红与那位"密司特汪"已经回东北了。这倒像多年后胡风所说的"行址诡秘",但是萧红的诡秘也可见出她这段时期生活繁乱,捉襟见肘,自顾不暇,"求学"这条路已经走到了尽头,所以只好回家。

萧红不知道此次出走给家庭造成了多大的伤害。弟弟因受不了流言和同学的嘲笑,从呼兰转学到巴彦中学,为了不使他孤单,张廷举把二哥张廷选的儿子张秀琳也转到巴彦县立中学。可见张廷举还是很照顾儿女心理的。而对萧红这样一个翻江倒海哪吒般的人物,他已经是焦头烂额了,女儿萧红已是呼兰小城天大的新闻,不守妇道,伤风败俗,传笑四方了。面对继母的冷落,弟妹们的疏远,左邻右舍的白眼恶语,萧红只能痛苦地把自己关在屋子里,承受着世俗的尖刀一把把往心上插。

父亲张廷举为了避人耳目,也怕继母管束不了萧红,就把她送到阿城县福昌号屯张家总站去。福昌号屯距县城数十里,交通不方便,且消息闭塞,大庄园用蓄满水的矩形壕沟围住,围墙四角设有炮台,昼夜有人在炮台上放哨。萧红住在这里相当于被软禁,而且在家族内部,祖母徐氏(张廷举的继母)也严厉禁止女儿、儿媳与萧红接触,怕她带坏她们,并强令萧红同自己睡在同一炕上（真是守卫森严，连睡觉也要绑在一起），听见萧红委屈的哭声，她还揶揄地说："你真给咱家出了名了，怕是祖上也找不出你这样的丫头。"

在几近窒息的环境中，萧红写下诗篇："去年五月，正是我在北平吃青杏的时节，今年的五月，我生活的痛苦，真是有如青杏般的滋味！"牢笼般的生活，让她等着人来解救，据季红真说她这时候也对汪恩甲生出歉意，写诗述怀："红红的枫叶，是谁送给我的！都叫我不留意丢掉了。若知这般离别的滋味，恨不早早地把它写上几句别离的诗。"

已经有些精神病的大伯父更是看萧红不顺眼，继母梁亚兰向他诉说萧红如何不服管束，使他怒不可遏，常常出手暴打，并扬言要把她弄死了事。萧红只好躲到七婶屋里不敢出来（东北乡俗哥哥不得进入弟媳房间），连饭都是别人给她端进屋里吃……姑姑和小婶怕萧红真的出事，帮她寻找出逃的机会，但继祖母与继母严密监视，逃跑几乎不可能。

"九一八"事变后，东北农村经济危机严重，佃户长工联合反抗，福昌号屯处于一片混乱中，10月4号清晨，萧红被藏在往阿城送白菜的大车里，离开了福昌号屯。

萧红在《九一八致弟弟书》中曾回忆过这一段：13岁的弟弟张秀珂，正和一群孩子们玩儿着，看着她离开家向南大道上奔去，向着白雪皑皑的大地奔去，他连招呼都不招呼，只顾和别人玩儿，连看也不看出走的姐姐。大概是受父亲的威胁，不敢接近萧红，亦或许是装作没看见，也希望她逃走。

自此，萧红再也没有回过父亲的家。在哈尔滨街头相遇，父女冷眼相对而过，形同陌路。盛怒之下，张廷举严令子女不许与萧红来往,看到张秀珂拿着萧红的来信,警告他说:"你如果同她来往,这个家也是不要你的。"

《东昌张氏宗谱书》中没有萧红的名字(张乃莹),人们一直认为是萧红的父亲将她开除了族籍,但张氏家族的后人却说,因为萧红当时写了反满抗日的作品,张家受到了牵连,所以家谱故意略去萧红。

流浪的脚步走遍天涯

1931年10月,萧红到达哈尔滨时已经是深秋,东北的天气在10月中旬已经变得相当寒冷,她在寒风中颤抖,走到陆哲舜家,一边拍门一边呼喊着:"姑母,姑母……"没有人来开门;她又挣扎着走到徐淑娟家,双脚冻得像针扎一样疼痛,按门铃却不响,门自动开了,她走进去,已是人去楼空。

她踯躅在冷清的街道上,有一天碰上在东特省特别区第一中学读书的堂弟张秀璋,他请她去喝咖啡,并劝她回家,"天冷了吧!并且也太孤寂了,你还是回家的好。"她摇了摇头,再听不清什么,"仿佛自己是沉坠在深远的幻想的井里","也感到人类离得我更辽远"。堂弟说:"你的头发太长了,怎么不到理发店去一次呢?"她因这句话激动了,意识到自己在亲人眼中的模样:衣衫破旧,蓬头垢面,憔悴而失魂落魄的样子形同乞丐。她的自尊心受到打击，即将熄灭的斗志又昂扬起来，"那样的家我是不能回去的"。堂弟几次充满热情地让她回家，又说：你的衣服太单薄了，你要生病了……然而他们很快便向着不同的方向走去。萧红在《初冬》一文中说："弟弟留给我的是深黑色的眼睛，这在我散漫与孤独的流荡人的心板上，怎能不微温了一个时刻？"在这个初冬的寒彻心扉的哈尔滨的大街上，她太需要温情，但是却不能接受温情。后来堂妹张秀琴也劝她回去，还给她钱，她说："这个家我是不能回的，钱我也不能要。"

深秋很快就过去了，接下来的是漫长而严酷的冬天。哈尔滨的街头每天早晨都有冻死的乞丐和流浪人，寒风吹在脸上，萧红的眼睛不住地淌着眼泪，滴在手套上，仿佛一刹那就结了冰，她在风雪之夜寻找一处可以御寒的住处，手套粘在熟人家的门板上，除了狗叫声，没有任何回应，谁会同情一个被家族驱逐的女孩子？

她的腿已经冻得麻木，急切奔走想寻找有一点热气的地方，她不要冻死街头。

萧红在一家卖浆的白布棚子旁停下来，坐到小凳上，口袋里竟还有几个铜板，她买了一碗热豆浆喝，热气流遍几近冻僵的身体。这时候一个来买浆汁的暗娼看见了她，一看她孤苦零丁的狼狈样子就知道无家可归，便收留了她。第二天早晨醒来，她发现自己睡在一大堆陌生人中间，那个满脸干海藻般的老妇人正在数落、责骂在墙角的一个叫小金铃子的小女孩，原来这个由其豢养并预备做雏妓的小女孩昨晚把萧红的鞋子偷出去卖了。萧红知道了这里是土窑子后想赶紧离开，老妇人让她留下一件衣裳作为昨夜住宿的报偿。她把单衣从身上脱下来，有些气愤又有些无奈地对老妇人说："去当，去卖，都是不值钱的。"她走出鼠洞般阴暗狭窄的房间，穿着夏天带孔的凉鞋踩在雪地上。也许就是受这段经历的启发，萧红在《生死场》中写了金枝缝穷那一段。

她来到东特女二中，找到在那里读书的大伯父之女张秀珉和张秀琴，她们决定让萧红留下来，并把多余的被褥拿给她使用，然后征得校方的同意，让萧红在高一年级插班读书。然而，她在那里住了十几天就不辞而别了。她的这次离开又成为后人不能解开的谜，有人认为是因为她发现自己怀孕了。据季红真考辨，说萧红这时候并没有怀孕，她离开的主要原因是经济。堂姐妹就是节衣缩食也未必能负担得起她所有的费用，再说就算她们有余力帮她也是用家里的钱，这和她与家庭决绝的态度是不可调和的。

一种选择将会跟随着一种命运。如果萧红留下来，与堂姐妹一起读书，她的生活也许会是另外一种模样，她的父亲绝不会跑到学校辱骂她在用家族里的钱。张廷举不同于张爱玲的父亲张廷重，于家道败落后在鸦片云遮雾罩里自怨自艾、浑浑噩噩，张廷重的心里没有自己也没有子女，所以竟然因为怕花钱使儿子一生未婚。张廷举是中国传统式家长，伦理纲常自觉地扎根在他的意识中，对于爱与恨以及如何处置家族关系，他是清醒的，有点像贾政一边责骂着宝玉在众多前辈面前的造次，一边心里得意着儿子的才华。他是希望萧红安顿下来的，即便只是不在大街如此游走给他"丢人现眼"，但是又要端着家长的架子，怕在她面前失了面子。比如后来张秀琢问起姐姐萧红被祖母用针刺的事，张廷举还是和蔼地谈起她，说哪里就会真的刺她，只是用针吓唬吓唬她，可见在某些方面萧红用儿童心理放大了的伤害，在家长这边是觉得微不足道的。再有一件事，抗日战争胜利后，张秀珂回家同家人团聚，张廷举在大门上贴的对联是：惜小女宣传革命南粤殁去，幸长男抗战胜利苏北归来。除了顺应时势的心理，他称"小女"是与萧红早已达成和解，而且以有此女为荣。

经历了这么多磨难，萧红再次与汪恩甲在一起就成了情有可原的事情，即便是饮鸩止渴。她固然不喜欢汪恩甲的纨绔习气与了无情趣，但汪毕竟还是爱她的，和新青年陆哲舜相比（陆哲舜不会不知道萧红当时的处境，但却毫无表示，一个让人心灰意冷的人），他有他的可取之处。从不知道明天会不会活着醒来的街道上到暖和的旅馆房间，只需一个闪身。这时期汪恩甲还为她置备了很多高档衣服，饭食也好，萧红的身体在逐渐恢复中。

此时，她不再想上学的事情，活着大于一切。这种生活并不是她真心想要的，为了麻醉自己，她和汪恩甲一起吸起了鸦片，她觉得自己没有未来，也不想再耗费心力展望未来。也许这段时间他们谈到了结婚，因为萧红已经怀孕了，所以萧红在1932年2月回到呼兰，去了继母娘家，后来汪恩甲也找到梁家，带萧红回到旅馆。

他们在旅馆生活了半年多，加之汪的生活习惯颇为奢侈，已经欠下食宿费400元，东兴顺老板开始向他们催逼债务。汪恩甲以出去筹钱为由，丢下萧红就再也没有回过旅馆，而且据其家族后人称，1932年春汪恩甲离开萧红的时候，正在读法政大学的预科，8月松花江哈尔滨段江堤决口时，汪恩甲并没有回家，仿佛"人间蒸发"了，这又成为至今未解的一个谜案，人们猜测着：汪恩甲是为躲债而弃萧红的负心人，还是因其父关系遭到了日伪特务的暗算？亦或此举是汪恩甲对萧红逃婚的报复？

据曹建成调查，汪恩甲1933年赴欧洲求学（大约是去法国求学）。1937年汪恩甲回国，到过阿城的汪家老家，当时他穿着翻领的猞猁皮大衣，一副绅士的派头，汪氏家族后人称汪恩甲会七国语言，说明他的外语能力很强。汪恩甲回国后一直赋闲在家，有时做点翻译的事情，但没给伪满政权做过事。大约在1946年，国民政府发给他一个"接收大员"的委任状，他未来得及上任，哈尔滨就解放了。共产党在哈尔滨建立政权后，他接受"委任状"的事情被告发，汪恩甲被捕入狱，50年代初，汪恩甲在狱中病逝。

如果汪恩甲去欧洲求学是真，那么也应该是在兄长授权之下——他必须有经济后盾，所以也可算作是抛弃了萧红，但是当事人萧红对此讳莫如深，对汪恩甲的态度并不是人们所猜测的怨恨，也许是出于对汪家的歉意，也许是他们在旅馆中已经发生龃龉，以至汪恩甲痛心离去。

第 2 章　萧红与萧军

往日的爱人，

为我遮蔽暴风雨，

而今他变成暴风雨了！

　　　　——摘自萧红《苦杯》

1934年,三郎、悄吟摄于离开哈尔滨前夕。相片中两人的打扮,是当时哈尔滨男女青年流行的装束。这张照片曾被哈尔滨一家名为《凤凰》的文学杂志用作封面。

从"拯救"开始的宿命

她想他是不会回来了,萧红拖着笨重的身子站在窗前,望着通向旅馆大门的甬道。她回过身来,坐在旅馆破旧的床上,发出一声几将坍塌的声响。汪恩甲说好回家去取钱的,她想,可能是路上耽搁了,这兵荒马乱的年月;可能是要从家里套出点钱来不容易,他正在绞尽脑汁;可能是他被家里扣留了,为着这样一个女子——离经叛道,怎么可以?不管怎么样,他迟迟不肯回来,她已经感到绝望,是的,他不要她了。最后,她终于确定了这一点。

一个懦弱的男人是无法指望的。他丢下的烂摊子,须得你自己慢慢收拾。后来萧红的文字对这个人只字不提,竟然有人猜测汪是她最爱的人,他的离去成了她不可言说的痛,被封存在情感禁地里。我认为他绝不可能是她最爱的人,因为之前二人常有交往,她对他是了解的,如果他是,她就不会逃婚。他始终只是她的一根救命稻草。

此时,连这根救命稻草也没有了,萧红忽然觉得孤苦无助。她站在已经被看管起来的旅馆小房间里,浑身酸痛,看着天也黑下来,肚子饿得咕咕叫。我在想象中看到如此绝望的场景，觉得一般女孩子是活不下去的。也许正是这饥饿救了萧红，身体的折磨代替了内心的伤痛，没有哪一种耐力能熬得过饥饿，它被康拉德形容为魔鬼般的险恶，昏沉沉黑压压地凶残。她来不及忧伤……

这是1932年5月。萧红被遗弃在"东兴顺"旅馆，旅馆老板看汪大公子迟迟不回，就猜想着萧红是被抛弃了，几次派人来催食宿费，萧红说没钱。她身无长物，除了两件补了又补的衣服和身上这件已经变灰了的蓝长衫，鞋子也只有一双，还是变了形的——叫她怎么办呢？她抬起因极度缺乏营养而枯黄的脸庞，苦苦哀求："再宽限两天吧，老板，过两天——""过两天又过两天，我看你是还不上了。"看着她低下头去，也不回话，店老板乘机说有个赚钱的好法子。一听是要把她卖到妓院去，萧红火了，她拼着力气把他们赶出去，哐地关上门，眼泪就流了下来。几经辗转，萧红决定向当时她经常阅读的一家报社写封求救信，这是没有办法中的办法，可见她不是一个优柔寡断的女子，她的勇气说明她是一个求生意志比较强的人。《国际协报》副刊编辑裴馨园收到这封信后，震动于萧红的经历，给周围几个撰稿人传阅，当读到"难道现今世界还有出卖人的吗？有！我就将被卖掉……"这样惨烈的字句时，大家都出离愤怒了，裴馨园坚决地说："我们要管，我们要帮助她！"

其实之前，萧红就以悄吟的笔名给《国际协报》投过一组小诗《春曲》，虽然没被采用，但她细腻的文笔和真挚的情感已经给裴馨园和其他编辑留下了印象，这次的信里竟然有直接指责性的话，更让他觉得萧红与一般女子不同。

第二天，裴馨园让正在帮他整理稿件的萧军同他一同去看望萧红，萧军不假思索地拒绝了，裴就和编辑孟希等四人前去。阴暗的房间里除了床上的被褥和一堆破旧报纸外，就只有一个旧柳条包了，他们看到萧红脸色苍白，精神紧张得近于癫狂，安慰了一番，就出去了。他们找到老板，警告他不许对萧红心存歹意，伙食照常供给，一切费用由他们负责。老板一看是报社的人，心里不愿意也不敢违拗，怕得罪了报界的人对生意不利。

那天晚上，裴馨园又请了一些作者商量萧红的事情，有说要在工资里抽出一部分帮她还债的，有说帮她找个职业的，萧军却说："我是一个一无所有的人。我只有头上几个月未剪的头发是富裕的。如果能够换钱，我可以连根拔下来，毫不吝惜地卖掉它！也来帮助她。"大家笑他在说醉话，空谈了一阵，就各自散开了。对于400元的巨款这些人是心有余而力不足的。

孟希楼下住着一个张姓税务局局长，他经常跟这个人聊天，正巧这天有一个从呼兰来的乡绅模样的兄长，孟希就把萧红的故事讲给他们听，那乡绅听了几句扭头就走了。后来才知道那个税务局局长是萧红的叔叔，而那个乡绅就是萧红的父亲。张廷举的冷酷无情在哈尔滨大街上看到乞丐一样的萧红如同陌路时已经显示过了。她没有求他，他也不会来救她，父女俩一样的倔脾气，关于她的一切他是一句也不想听了，可见他是恨透了她。

旅馆老板因报馆的警告对萧红更加怨愤，又来逼债，萧红更加惶恐，又打电话给裴馨园，裴不在，恰巧萧军坐在主编座位上为裴处理外来稿件，他第一次接了萧红的电话。他知道来电话的就是被困旅馆的悄吟,连搭话的兴致也没有,在他的观念里,没有力量帮助别人又何必显示出假慈悲呢,又何必给人以希望,而且他在哈尔滨当过宪兵见习生,对这种遭遇不幸的青年女子已经司空见惯了,心也变得冷硬起来。

下午,裴馨园又约舒群等人去看望萧红(舒群是一个热情善良的人,给萧红留下深刻的印象),回来后又议论起萧红,这些还带着热度的描述稍微触动了一下坐在旁边埋头工作一言不发的萧军。所以,裴馨园让他带着一封信和几本书走一趟旅馆时,他也竟然答应了。

萧军,原名刘鸿霖,曾在讲开学堂学过军事,又任东北军下级军官,一心想抗日,但最终事败,携家眷潜入哈尔滨。因无经济来源将妻儿遣回老家。后以三郎为笔名写点文章糊口,受裴馨园赏识,被请来在报社编辑儿童专刊和处理一些外来稿。

1932年7月12日黄昏,萧军被茶房带进长长甬路尽头一间屋子前面,敲开门,他看见一个女人模糊的影子,一头的半长发散乱地披在肩头,苍白的脸上一双大眼睛流露出惊恐的神色。一听来人是找张乃莹,她惊喜得要叫起来,还以为是李洁吾托人来看她,看了裴馨园的信才知道面前这个男人是"三郎",她曾经在报纸上多次读过他的文章。

萧军乘她颤抖地读信的空当环视了房间,这就是那个同事们所描述的有些"疯狂症"的女人,她那件褪了色的长衫开气儿的地方也裂到膝盖以上了,小腿和脚是光赤着的,散乱的头发中有莹莹的白发,那怀有身孕的体形一下就看得出不久要分娩了。萧军交了书和信准备马上离开,萧红却说:"我们谈一谈好吗？"她的样子看起来太孤寂无助，甚至因害怕他迅速离开而用身子挡着去路。她已经顾不得矜持，焦灼不堪的内心渴望与人交谈，相伴。站在她面前的这个男子，头发蓬乱、衣衫褴褛，活似个流浪汉，然而，却有着遮掩不住的豪爽和坦荡，萧红不由得对他产生信赖的感觉。信赖是喜欢的前提，谁也不会去喜欢一个让自己害怕的人。

萧军迟疑了一下，仍旧坐下来。萧红拿出一份旧报纸，说："你是三郎先生，我刚刚读了你的文章，可惜还没有读完。"报纸上是萧军正在连载的《孤雏》。萧军注视着眼前这个女人，觉得她那双大眼睛里的光芒并非是疯狂的而是智慧的，且越看越觉出一种难以言说的美丽来。萧红叙述自己的处境，像他乡遇故知，这些日子的委屈一下子涌上来，她抓住救命稻草般抓住他，把自己的不幸遭遇尽数倒来，种种难言的屈辱对他说也不觉得尴尬，她痛苦的心情在倾诉后变得舒缓，脸上的疲惫也逐渐消失了。

萧军听着她的述说，一阵同情一阵气愤的，他本来就是个嫉恶如仇的人，此时对她更是产生了怜惜之情。唏嘘慨叹之际，他忽然看到她的床上散落着几张纸片，随手拿起来，用铅笔随意勾勒的花纹图案流畅优美，还有几节字迹秀丽工整的短诗，萧军被震动了！她不是一个普通的女子，她苍白的面容背后藏着非凡的才情啊。

萧军刹那之间便做出了决定：他要拯救这个美丽的可爱的闪光的灵魂，不惜一切代价。萧军在《萧红书简辑存注释录》中写道："我必须不惜一切牺牲和代价——拯救她！拯救这颗美丽的灵魂！这是我的义务……"（第一次见面的情景只是萧军自己的描述。他真的为她的"双钩"字震撼？为她的短诗动情？从她那枯黄的脸上看出闪动着的美丽来？会不会不过是事后的添加，他们并非一见钟情，只是人们喜欢"一见钟情"的浪漫性质？所以我宁愿相信这是萧军的自我设想，其实他们的爱情从一开始也许就是不纯粹的。）

我总觉得"拯救"这个词实在过于自高自大了，没有谁可以拯救谁。在那个时候，萧军恰巧出现，恰巧他们互相欣赏，恰巧他有一身男人的力气——邂逅相遇，适我愿兮。"偶是相逢患难中，怜才济困一肩承；松花江畔饥寒日，上海滩头共命行。"这是萧军写的《抄录萧红故信后有感》中的几句诗，邂逅本是一种很美的情境，但在这里又是"怜"又是"济"，还"一肩承"了，他的自以为是和大男子主义表露无遗。而萧红是纤细的，敏感的，他的每一句话，每一个动作都能刺戳她强烈的自尊心。

关于"拯救"这件事被反复炒作，萧军在文章里写萧红欠了600元，后来萧红澄清，是400元，当感情碰上现实，尴尬便无处藏身。他为什么要把自己的形象无限放大，让萧红站在受恩人的角度仰望他？这是一种伤害，他们的位置不对等起来，而爱情是需要对等的。这已经为之后的分道扬镳埋下隐患。

他如何能拯救她呢？他只不过是一名穷作家，孤身一人，还是寄居在裴馨园家里。他临别时把自己仅有的五角钱留给了萧红，但是要救出已被抵押的萧红需要几百元的赎金，他根本无法筹措。

适巧哈尔滨连续降了27天大雨，松花江决了堤，街道上一片汪洋，成了行船的水道，房屋倒塌，很多人死于水患。萧红坐在窗前,等着萧军与朋友来搭救。外面是呼天抢地的哀嚎,"东兴顺"旅馆里也一片混乱,旅馆的主人和客人都逃命去了,一个老茶房提醒萧红说,你赶紧趁着没有看守跑吧。萧红搭上一艘救生船,乘机逃离了被囚禁了两个多月的东兴顺旅馆。

  那个波浪是过去了,她的手指还是四处张着,不能合拢——今夜将住在非家吗?为什么蓓力(萧军)不来接我,走岔路了吗?假设方才翻倒过去不是什么全完了吗?也不用想这些了。

  六七个月不到街面,她的眼睛缭乱,耳中的受音器也不服支配了,什么都不清楚。在她心里只感觉热闹。同时她也分明地考察对面驶来的每个船,有没有来接她的蓓力,虽然她的眼睛是怎样缭乱。

——萧红《弃儿》

  萧红想着萧军怎么不来救自己,还以为再次成了"弃儿",其实当时,萧军面对洪水汹涌,第一个念头就想起了萧红,他知道她被困旅馆,人人各自逃命,她一个怀有身孕的女孩子是难以应对了。他夹了一件旧制服到当铺想换点船钱,但当铺都关门了,又找到一个摆渡的人,要价极高,萧军满口答应着,到了东兴顺旅馆后,萧红已经不在那里了。

  人们为了编排一个优美的英雄救美的故事,宁愿相信萧红是被萧军从洪水中救出来的,这也情有可原。毕竟,心意可嘉,动机比结果更重要。

无论如何，萧军是可爱之人。他说：他们是"偶然相遇，偶然相知，偶然结合在一起的'偶然姻缘'"。所以，也就理所当然地"邂逅相遇，与子偕臧"了。

贫困中的无力感

"贫贱夫妻百事哀"，这句话时常挂在一个朋友的朋友嘴上，第一次跟朋友去他们家，一踏进房门便吃了一惊，土、洋灰和沙子混合铺就的地面高低不平，坑坑洼洼的客厅里摆着一张旧沙发。各间屋子也没有门，只挂着灰旧的半截门帘，仿佛装修工人的暂居地。朋友说："他不爱他老婆，当初她非要买房子，现在买了房子没钱装修了，就故意让她住在这样的地方，瞧瞧，都怀孕了，这样帐篷似的家，怎么能养小孩？"我也就相信了她的话。后来有一次我们一同去逛公园，后面一辆车开过来，他下意识地去保护那个身体笨重的女人，那一刹那间，我发现，他是爱她的。

但是贫穷已经夺去了他们所有生活的乐趣。一开始是浪漫的，他们对爱情充满幻想，以为只要有爱，什么都可以（像歌里唱的"咸鱼白菜也好好味"），所以义无反顾地进入了婚姻。再往后的日子里，百事之哀就暴露出来了。

如果不是恰巧松花江决了堤，萧红趁乱从旅馆逃出来，对于那几百块大洋的食宿费萧军是心有余而力不足的。萧红逃到萧军事先留下的地址裴馨园家,裴安排她住下,后来萧军搬到裴家,住在客厅里。时间长了,寄人篱下的生活总会生出嫌隙来,渐渐地萧红与裴家关系不和了。萧红与萧军一谈就是几个小时,萧军一走,她就关上门看书,很少和人打招呼,让裴家人觉得她不通世故,裴太太黄淑英家务繁重,本来已经感到很烦乱,再加上一个孕妇萧红,更觉得劳累,对萧红越来越感不快。萧军和萧红只好白天在街上一直逛,直到晚上才摸着黑上楼。萧红怀着孩子仍旧禁不住与萧军亲密的举动引来裴太太的揶揄嘲笑,萧军非常愤怒,但也只能忍耐。

倒是裴家人不能忍耐了,裴馨园全家搬到另一处房子去了,只剩下他的岳母留守,被褥也都被拿走。萧红枕着包袱躺在土炕上,忍受着饥饿和寒冷,没过两天,肚子忽然疼起来,疼得她在炕上打滚,后来几乎半昏过去,萧军跑到裴馨园办公室借钱,回复却是"慢慢会有办法,过几天,不忙"。他们潜意识里对萧红是怀着轻蔑态度的,一个大着肚子的女人,一个穷困潦倒的女人,再追求爱情对旁观者来说是可笑的。

终于还是借到一元钱,萧军夜里雇了一辆马车冒雨把她送到医院。住院费要交15元,他想现代社会一切事情惟有蛮横,用不着讲理,强行让萧红住进三等产妇室,次日凌晨,萧红产下一个女婴。

萧红梦见萧军进入病室突然抱起自己穿过墙壁逃了出去,住院费不用交,孩子也不要了。她还梦到孩子后来给院长做了丫环,并最终被院长打死。萧红被这幸福而可怕的梦幻惊醒,她多么渴望立时摆脱一切困扰,一无负累地与萧军开始全新的生活。

如此看来，孩子也是一个负累。

所以，她不给她喂奶，任她哭，一次也没有去查看婴儿的情况。有人说萧红之所以这么狠，是因为她自己也是被母亲领到张家的，后爹的肆虐让她的心变得特别硬——王化珏通过采访萧红的小姨姜玉凤等几位老人证实这是无稽之谈。我想，她不爱孩子是因为她不爱孩子的爸爸，不爱的人的孩子跟自己是无关的，而且她已经不想要这个孩子了，她怕自己稍有接触，一念之间动摇了决心。相濡以沫不若相忘于江湖，婴儿去到另一个家里寻生计，她也要和自己心爱的人过幸福无赘的日子了。在现实面前，人都会变得自私和冷酷，温情只限于温饱之后。

11月上旬，因裴太太说萧红的坏话，萧军与她大吵起来，裴馨园左右为难，希望他们能离开。两人便搬出裴家，住进了欧罗巴旅馆。一颗真诚的心所构建的礼物往往比珠宝首饰更珍贵，更能引人遐想，萧军也是这样出手不俗，他送她的第一份礼物是三首定情诗。这礼物对于想"坐在宝马车里哭的女生"肯定不适用，但萧红的心却因这诗篇而震颤，这也是最初的浪漫。

但生活是残酷的，饥饿是实实在在的，萧红的散文《饿》就是描写在欧罗巴旅馆生活的情景，让人不能不动容。

> 没有哪一种恐惧顶得住饥饿，至于说迷信、信仰或者什么你们不妨称作原则的东西，还不如微风中的一抹稻草末呢。

……黎明还没到来,可是"列巴圈"已经挂上别人家的门了!有的牛奶瓶也规规矩矩地等在别人的房间外。只要一醒来,就可以随便吃喝。但,这都只限于别人,是别人的事,与自己无关。

　　……过道越静越引诱我,我的那种想法越想越充胀我:去拿吧!正是时候,即使是偷,那就偷吧!

　　在饥饿面前,一切都是微不足道的,而饥饿已经是贫穷的至高点,连食物都没有,遑论其他,这是一种被抽空了的生活,没有丝毫的乐趣,没有任何生命的意义。

　　幸亏后来曹先生送钱来,稍微缓解了一下这即将到来的绝望。还有一次中秋节,月光从窗子里洒进来,萧红一个人百无聊赖地侧身在床上翻书,回忆起中学时的一件事,她感冒加重没去上学,朋友青野典当了被子给她买煤炭,那天也是中秋——该是阖家团圆的日子,她却离乡背井,生活的景况越看越觉得凄凉,那空空的四壁……门响,萧军回来说:"起来吧,悄悄,我们到朋友家去吃月饼。"那天晚上他们连买米的钱都没有。

　　很少有作品这么注重写对食物的渴望,大概都以为这是上不了台面的小事情,只有精神追求才是高贵的;也因为很少有人真正感受到身体的折磨,尤其是饥饿的折磨,有些事情只有切身体会了,才知道它是多么重大。

　　萧红是彻底体味了人间的苦难了,所以她的文字无一不是对这种苦难的描述,无一不是带着深切的悲悯。这时期萧军也开始鼓励她写作,为报刊写稿。1933年8月,长春《大同报》

文艺周刊《夜哨》创刊，萧红是主要撰稿人，发表了《两个青蛙》《哑老人》《夜风》《清晨的马路上》《八月天》等许多作品。在题材上，她的作品与鲁迅相类，只是鲁迅的小说是血泪的控诉，具有男性的力度，萧红的小说却是参与其中的悲悯，充满女性的细腻。比如《哑老人》："岚看着白白的小小的包子，用她凄怆的眼睛，快乐地笑了，又悯然地哭了，她为这个包子伟大的爱，唤起了她内心脆弱得差不多彻底的悲哀。"这种悲哀里更多的是无奈，是无力感，生活即如此。正因为萧红是深入其中的，她在其中孱弱着，所以与鲁迅不同，鲁迅的悲哀中常常含有一种"怒"，愤激、沉痛地批判了国民的劣根性，而萧红的日常化叙述消解了这种激烈的感情，尤其是她后期最著名的长篇小说《呼兰河传》，完全以一个小女孩的温和天真的视角看待过于悲惨的事件，是诗意的而不是惨痛的，是忧伤的而不是咒骂的。

"小岚的哭惊慌地停止。这时老人哑着的嗓子更哑了，头伏在枕上摇摇，或者他的眼泪没有流下来，胡须震荡着，窗纸鸣得更响了。"这种无声的荒凉更加重了无奈的成分。他们不争，也无力争，所以自愿地在火里烧死了，"孙女死了，伙伴没在身边，他又哑，又聋，又患病，无处不是充满给火烧死的条件。就这样子，窗纸不作鸣声，老人滚着，他的胡须在烟里飞着白白的"。

"活着再无意趣"这个观点在萧红的小说里不只一次出现，《生死场》中写道："爹爹是老了，孩子还那样小，赵三感到人活着没有什么意趣了。"她笔下的人物是没有多少求生欲望的，自然地生，自然地死，真是"风把我吹到哪儿我就在哪儿"了。难怪有人把萧红的作品比作"沉重心灵的轻盈舞蹈"。

当然，打倒二萧的不是贫穷，那种无着无落的凄凉和饥饿所带来的悲哀被新生的爱情驱散着，虽然说是贫苦的折磨带走了很多生活上的乐趣，但感情依旧维持着。后来，萧军说：她单纯、淳厚、倔强、有才能，我爱她；萧红说：我爱萧军，今天还爱，他是个优秀的小说家，在思想上是同志，又是一同在

1932年秋，萧红与三郎在道里公园。

1932年8月，哈尔滨的大洪水拯救了被困东兴顺旅馆的张乃莹（萧红原名），她逃脱了被卖妓院的命运，收获了与三郎（萧军原名）的旷世恋情。逃出旅馆后，三郎带着即将生产的张乃莹寄人篱下，游荡于中央大街和道里公园。图中两人似在享受一份摆脱了巨大困厄之后的安宁与喜悦，还有相拥享受秋日阳光的幸福。

患难中挣扎过来的!

这种相濡以沫的日子还是很美很甜蜜的。就像多年后萧军想起两人赴鲁迅先生的宴请,萧红特地花了七角五分钱从"大拍卖"的铺子里买了一块布,为萧军缝制了一件新外套的事情,"她几乎是不吃、不喝、不休地在缝制着,只见她美丽的、纤细的手指不停地在上下穿动着……不到一天的时间,一件新礼服缝好了"。他感叹道:"我们那时的物质生活虽然是穷困的,但在爱情生活方面,却是充实而饱满的啊!"

有情饮水饱,结果是真的贫贱没能移。

那时萧红常用笔名悄吟,一个很诗意的名字,萧军用笔名三郎,大概是因为叫起来亲切的缘故,我觉得这是萧红对萧军最亲切的一种称呼,后来她在一些文章中称郎华等,我都觉得很诧异,对我来说,认识了那个人,就永远记住了那个名字,怎么可以他一换笔名你就跟着换称呼呢?(记得《狼行拂晓》中军靖难一死,上级告诉黑虎,从此你就是军靖难,没有任何解释,弄玉转口就从黑虎哥到靖哥了,同样的亲切。角色转换之快,令人咋舌。)名字只是一个符号,还是,他在你的心目中可以是任一形象?这种任意是否违背了具有"自由意志"的人的"非如此不可"的原则?是否也是一种潜意识中的无力和无奈的表现呢?

用什么对抗这无边的虚无

住进欧罗巴旅馆之后，萧军白天忙着去找工作，萧红一个人呆在屋里，饥饿的折磨和对萧军的盼望，不由得让她联想到被困东兴顺旅馆的情形，在茫茫的日子里生存的意义也变得模糊起来，她在百无聊赖中生出无边的虚无感。

在东兴顺旅馆时，她曾经问萧军："你为什么活着？"

"那你为什么还要留恋这个世界？拿你现在来说，自杀的条件这般充足……"萧军反问她。

她略一沉吟，缓慢地说道："我吗？因为这世界上，还有一点使我死不瞑目的东西存在，仅仅是这一点，它还系恋着我。"本是生于乡绅地主之家，应该过的是小姐公主般的生活，却形同乞丐；不过是一个上学的梦想，堂姐堂妹就可以顺顺利利，她却要拼得头破血流，也未能如愿；别人可以绕膝父母，享受天伦之乐，她却母亲早亡，父女成仇。多舛的命运让她不甘心，"你想让我死吗？我偏不死，这样的结局我不甘心。"死不瞑目！她一边拼力地活下去，一边在生的艰险中体味绝望。

绝望中的女人太需要一种外在的参照，来驱赶其内心的虚无，来勃发她那自感日渐委顿的生命，她害怕被生命中不能承受之重彻底压倒。

在自杀的条件这般充足的情况下，萧红依旧活着，这是她独有的"生的坚强"。萧红像众多东北的受贫苦折磨的百姓一样，本身有一种坚忍不拔。但萧红又不完全同于他们出于自然的本能，她会思考，而且经常思考。

在虚无与实在之间徘徊。

有时候为着一个庞大的理想而奋发：

比如，"改造国民的灵魂""对着世间的愚昧"。

卡尔维诺说："诗人，是多愁善感的人。如果人类没有一部分人性格内向，对世界的现状很不满意，如果没有一部分人盯着不会发声、不会活动的文字整天整天地苦思冥想，那么文学自然也就不可能存在了。"

但是为艺术放弃生活的人，生活在观念中的人，就真的是快乐的吗？毛姆说，你面对一幅画激动万分，但是一转身，这种激动就平复下去，艺术的感动是不能保存的。

所以萧红说，日子是具体的，那些空的大的信念不可能每时每刻地安慰人。

如此，有时候就会为着现实中一点乐趣而停留：

比如，萧军的赏识与爱意激发出她那早已死灭的激情，接着续写《春曲》：

> 我爱诗人又怕诗人，
> 因为诗人的心，
> 是那么美丽，
> 水一般地，
> 花一般地，
> 我只是舍不得摧残它，
> 但又怕别人摧残。
> 那么我何妨爱他。

为了爱，为了实在的生活，萧红也想找工作，在报纸上看到有招聘电影广告员的信息，她满怀希望去应聘却吃了闭门羹。回来的路上与萧军在街上闲逛，碰见不久前认识的朋友金剑啸。原来他就在附近一家电影院画广告，他说那里事情比较多，邀请二萧前去帮忙，并约好了在电影院见面的时间和地点。

没想到第一次去找他却没有遇到，两人扫兴而归，萧军一个劲地数落她："磨蹭，你看晚了吧！女人就会磨蹭，女人就能耽误事！"

不久，金剑啸找到家里来，他还觉得奇怪，以为他们没有赴约。

正巧萧军没在家，金剑啸就带着萧红一个人到电影院帮忙，约定每月40元的薪酬二人平分。萧红在广告牌前站到晚上10点才回家，萧军见她回来很不高兴地拿出酒瓶大喝，借着酒气发泄不满，躺在地板上大声嚷："一看到职业，什么也不管就跑了，有职业，爱人也不要了！"这句话让两个人都顿觉心酸，仿佛说到了他们的痛处，生活艰难到如此地步，萧红忍不住又流下眼泪来。第二天，两人还是一同去画广告。萧红做金剑啸的副手，萧军做萧红的副手。本来三人有说有笑工作得特别开心，刚到手的工作却因为萧红前一晚工作中的失误让电影院很不满意，只做了两天这份工作便没有了。

虽然画广告的工作没有了，萧红却另外有了画画的机会。金剑啸对文学、戏剧、美术、音乐均有较深的造诣，深深地吸引了二萧，他们与他交往越发密切。11月下旬，为了救济水灾难民，外表清秀、英俊，有着十分浓郁的艺术家气质的金剑啸发起举办"维纳斯助赈画展",得到很多成名画家的支持,萧红也画了两幅粉笔静物画,一幅画是两条萝卜,另一幅是一双半旧的傻鞋和两个"杠子头"(这是她家里唯一可以当素材的物件,可见当时二萧生活的艰窘)。不久,金剑啸以画家身份创办了"天马广告社",为党的地下刊物《满洲红旗》和一些传单小报画插图,萧红给他做了"广告副手",不但在艺术上受到熏陶,还被他的左翼文艺思想影响。

虽然这次义卖很失败,但对二萧却有重大意义,他们结识了一批志趣相投的朋友,交际圈子扩大了,经常出入进步文化人聚会的"牵牛坊",那也是中共地下党组织相对安全的秘密接头场所。金剑啸和罗烽等人组织了一个半公开的抗日演剧团体,称为"星星剧团"。萧红在里面扮演了几个角色,她终于走出封闭狭小的生活圈子,跟一群心怀进步志向的年轻人在一起,充实且快乐。排戏、打闹中留下了很多值得回味的趣闻轶事,萧红的日常生活渐渐活跃、丰富起来,她就不用再沉浸在自我追问的虚无中了。

最快乐的还有一件小事:新年将近的时候,细心且善解人意的朋友为了让他们过一个稍微轻松点的新年,在信封里放了一张 10 元的钞票。这张钞票像春风一样驱赶着二萧因"吃饭是个问题"的焦虑,萧红还曾经为着这张钞票笑自己轻薄的欢快,她后来曾经表示说,想到家里有张 10 元的钞票在等着她便有说不出的喜悦和力量,冒着寒风的步伐格外坚实。第二天"牵牛坊"还大宴宾客,有鱼有肉,二萧吃得很过瘾。

眼看着萧军做家教有一些收入,萧红自己也开始做家教,但学生比老师大，又学不了什么就不来了。萧红经常处于失业中。

1932年9月，友人方未艾转至《国际协报》社，计划新年出版一份"新年征文"的特刊，萧军和"牵牛坊"的朋友都说让萧红写篇文章试试，不久，萧红完成了短篇小说《王阿嫂之死》，方未艾读后十分欣赏，给予发表，署名"悄吟"。萧红终于找到了生存的意义，找到了最适合的体现自身价值的方式。紧接着她写了自己从东兴顺旅馆逃出来的噩梦般的经历，即散文《弃儿》，连载于《大同报》文艺副刊。

这段时间二萧过得充实且快乐。赵一曼曾描述过自己在街上见到两人的情景：两人服饰都不十分讲究，悄吟还穿着一双男式的皮鞋，可是他们身体和精神都很健康，一边行走一边谈笑，风姿飘洒，旁若无人……

漫长的磨难过后，熹微的希望升了起来。他们终于找到了人生的方向——写作，这个既能获得自信又能获得物质的工作，还与自己的爱好吻合。

陆续发表了几篇文章之后，二萧决定自费出书，一帮朋友都出资帮忙。尤其是舒群把自己攒的40元钱，又从父母手上要回来，给他们出书。金剑啸为其设计封面，但因为制作困难只得放弃应用，萧军自己写了几个简单的大字就当封面了。10月，二萧合著的小说散文集《跋涉》出版，立刻引起了文坛的注意，轰动整个东北，好评纷纷而来。书中多有揭露日伪统治下社会的黑暗，除小诗《春曲》比较个人化以外，其余五篇都切入了当时社会宏大主题，比如《王阿嫂之死》直接取材于阿城的见闻，描写地主与佃户的冲突，着意强调他们的阶级属性和阶级对立。其他如《夜风》《看风筝》也提升到对社会问题的思考。这正契合了当代读者的需要,大环境下的宏大主题,贴近生活,贴近社会。此时只有21岁的萧红对社会事件还只是表面的感触,像叶君所说的她的文章是"以对革命和社会问题的关注汇入时代的宏大叙事;将文学作为观照自我、倾诉内心,触摸苦难、安妥灵魂的方式",而缺乏更深入的宇宙思考和人性思考。不过,初入文坛,能有如此成就已是骄人。

这时期,萧红的才华在萧军之上的事实已露端倪。东北沦陷区作家王秋萤在《明报》杂志上谈及近年哈尔滨的文学创作,他认为:"在当时最杰出的作家当首推三郎夫妇……悄吟的小说,在某一点来说,似乎有比三郎高出之处。"司马桑郭也曾说过:"平心而论,悄吟的文章,在析理的倾诉上不及三郎,但在小说的安排和用字抒情上,却高出三郎……"

成功的喜悦带给两人无限欢乐和巨大欢喜,用事业的成就来充实这虚无的"空档",是大多数人驱除"虚无"的最好方法,也是对"生之无聊"最有力的对抗。

关于爱的哲学

萧军在报上登的求职广告被铁路局一位姓汪的庶务科长看见,请他去教儿子些棍棒拳脚,萧军与其商量说不要学费,只要一间能住的屋子就行。之后,二萧便住进了道里商市街25号大院里的一间半地下室。萧军向汪家借了一张床两把椅子,用仅有的钱买来一点米和碗筷,萧红收拾了一下房间,也俨然像个小家了。

晚上,房东带孩子来拜师,孩子说:"我三姐回来了。"原来汪小姐还是萧红的同学,她说她认识萧红,而且最近还看见过萧红好几次呢。站在面前的这个有着一头美丽的卷发,涂着胭脂的富有青春朝气的女孩子让萧红忽然感觉到自己老了,本是同龄人(汪林比萧红还要大一岁),看上去却是天壤之别,萧红不由得有些退缩和心酸。

汪小姐漂亮且自信,在外面像交际花一样是众人注目的焦点。她每次回来看见萧红就会笑着打招呼,问她做的什么饭,在等萧军啊之类的,还经常来找他们俩聊天,渐渐相熟起来。萧军常常在傍晚时分带上萧红和汪小姐到松花江划船、游泳,他们兴致很高,除了高谈阔论,还时常引吭高歌。回来后,萧红往往耐不住困乏早早睡了,而他们却继续留在院子里长聊。想着她的红唇和卷发,萧红内心非常介意这种双双相对的长聊,但不愿意在萧军面前说出来,再加上身体虚弱容易疲惫,很快就在落寞中睡去了。直到有一天,萧军坦率地告诉她有姑娘爱上了自己,并说那真是"少女"的心思。萧红问是谁,萧军没有直接说,仿佛天经地义似的反问:"那你还不知道?"她早就料到这样的故事不可避免地会发生。

想当初,在东兴顺旅馆,随着交谈的深入,萧红询问萧军所持的关于爱的哲学,面前这个粗犷豪放的男人坦率地说:"谈什么哲学,爱便爱,不爱便丢开!"

"如果丢不开呢?"

"丢不开,便任它丢不开!"

不爱了便丢开,丢不开便任它丢不开,萧军的这种随意和无所谓的态度打击了萧红的执着和认真。然而,她还是不计后果地与他相恋了。

如果说前两个男人是迫于无奈的选择(一是为上学,一是为生计),她自以为萧军是真爱了,那也是自欺欺人。萧军不过是她的救命稻草,当他第一次来看她时,她的孤独和恐惧使她极力挽留他,二人很快便进入深层交谈,很快便"我们不过是两夜十二个钟点,什么全有了"。(三郎,《烛心》)

夫妻间的真正契合是双方在精神上的互相欣赏和互相倾慕,心灵的共震和互相需要才是维系双方情感的凝聚力,只有这样,夫妻关系才不会停留在身体欲望和青春冲动的层面,才能在更高层次上享受爱情的美妙感觉,不会因为不再"新鲜"而厌倦,而是进入高境界的两情相悦。

萧红与萧军的结合恰恰缺乏这种互相欣赏和心灵共震(在生活中逐渐暴露出来:萧军既不喜欢萧红的性格也不欣赏她的文字;萧红亦然),他们更多的是出于生存的需要,因缘际会,有太多的偶然因素,恰巧被弃旅馆的环境,恰巧萧红需要帮助,恰巧萧军有的是力气,恰巧孤男寡女各有所需——他们的爱是不纯粹的,除了肉欲和情感诉求(内心的孤独)之外,萧军更加以自己的心里还有别人来暗示这种不纯粹,他说,他曾经爱过别人,且那慈悲的姑娘仍在心中占有重要地位,而且还对住楼下的"一位很美好的姑娘"葆有朦胧而热烈的情愫。

刚刚充满憧憬地续写《春曲》,刹那间发现眼前这个男人跟她诗里的"处子诗人"完全错位，失落涌来，她不禁变得幽怨，无奈，不无讥诮地说："你还是一位唯情主义的男人，我并不愿意听到这些与我无关的话，我恐怕再也写不出昨夜那样的诗来了，三郎，你好残忍！"你不在他过去的故事里，而且也不一定在他将来的故事里，即使你在他将来的故事里，他还有着一个又一个的别人，太拥挤了。

没有人喜欢所爱的人在自己面前谈论着别人，有人说任盈盈是爱上令狐冲的痴情，当她看着他为小师妹痛不欲生的时候，她的内心是酸楚的，她所爱的不可能是他对另一个女子的痴情，而是因为爱包容了这种痴情。

萧红也因为爱（其中掺杂着需要）包容了他的"多情"。

可是，萧军的爱的哲学表明，没有人是最后一个，没有人是例外，萧红已经给了他压力，所以恋爱的第四天，他就产生了终结之意："我们就这样结束了吧！结束了吧！这也是我意想中的事，畸娜，你不要以为是例外……"（三郎：《烛心》）

当他爱我的时候，我没有一点力量，连眼睛都张不开。他们"是一双不会节用爱情财产的挥霍儿，不久就要穷困了。"

渐渐从狂恋中冷却下来，萧红又多了一层焦虑。萧军来看她的次数越来越少，她在向往、猜疑中想起夜里梦见萧军和他暗恋的女孩在一起，于是写下《幻觉》，据舒群回忆，《幻觉》中的玛丽是确实存在的，她是位气质极佳的大家闺秀，经常举办文艺沙龙，很有名气，暗恋者甚众。

萧军也是其中暗恋者之一。他也许从来没有真正地喜欢过萧红（一个花心的人，每一段都是真的，至少那一刻是真的，可是那一刻，他还清醒地知道，他的心里装着另外的人），他为她做那么多事，一方面是为了满足自己的想望，一方面是怜爱。比起那些大家闺秀那些洋学生，那些灯影里的只可远观的人，他更喜欢那些人，梦中的人。可望而不可得。大概男人都是如此，护着身边的妻，梦着远处的神仙姐姐。

汪小姐毕竟不是神仙姐姐，可望不可即，她就在他身边。或许轻浮女子的爱，不会长久，她很快便与二萧为她安排的一个编辑朋友陷入爱河。也许萧军明白这一点，所以第一次外遇，他选择了萧红，而放弃了汪；抑或许，这一次只是萧军自作多情，好看而有钱的汪家小姐根本没有看上过他这个穷家庭教师，不过是爱玩的天性陪他玩玩而已，他却自我感觉良好地当了真。

然而，一波未平，一波又起。

慕名而来的上海姑娘陈娟进了商市街这间终于安上电灯的半地下室。《跋涉》明明是两人合集，为何姑娘只看到了"三郎"，而不见"悄吟"呢？陈娟饶有兴致地看着载有萧军新近发表的论战文章的报纸，萧红则仔细地打量起萧军这位16岁的异性朋友，"她很漂亮，很素净，脸上不涂粉，头发没有卷起来，只是扎了一条红绸带，这更显得别有风味……"为等到与萧军见上一面，萧红留客夜饭，她也不推辞。后来萧军和汪小姐滑冰回来，笑闹着进屋。他一见客，兴致高涨，嚷着要唱京戏。汪小姐嘲笑他刚刚在报纸上与别人打笔仗，痛骂唱戏者是"奴心未死"，而他自己今晚为取悦佳人，也要"奴心未死"了。

后来，陈娟与二萧交往多起来，而且她还似乎总是避着萧红跟萧军谈起什么，这让萧红很不舒服，后来汪小姐警告陈娟说，这会招致妒忌。对萧红的多疑和爱吃醋，汪是领教过一回了。

后来陈娟在《萧红死后——致某作家》中写道："渐渐地我也从她那掩饰的眼光中间觉察了些什么来。是的，她憎嫌我，她对我感到不耐烦……"还说自己很难过，很委屈，面对萧军的无字信和一朵玫瑰花，面对萧红的质疑，她是极力撇清自己的，甚至带上男友到商市街告别，以示"恋情是恋情，友情是友情"的理念。萧军却追到她家里去，吻了她。她始终说自己是懵懂、无辜的状态。而萧红以女人特有的敏感，看出这江南的姑娘虽有"愁"，"但其中更夹杂着情窦初开的'兴奋'，但因为有自己的缘故，来不及诉说惆怅，就终于带着'愁'回南方去了"。

然而，萧军与这个南方姑娘的故事并没有因她回了南方而终结，而且，萧军与其他女性的故事还将不停地上演。

此时，日军侵占东三省，颁布了很多旨在镇压反抗的法令，实行高压政策，大量宪兵、便衣密探，随意抓捕他们认为"可疑"的中国人。有一天，一个学生到了二萧家，连坐也没坐就说："风声很不好，我们的同学被弄去了一个……把全宿舍检查了一通，翻出一本《战争与和平》来……关于你们，要小心点，听说有人要给你们放黑箭。"恰巧二萧的合集《跋涉》因其轰动效应，引起了伪满洲当局的怀疑。甚至房东收到匿名信说，萧军会绑架他的儿子，汪家二小姐看管着自己的弟弟，不让萧军接近，半个多月来，那小孩子连萧军的窗下也不敢来了。萧红看着萧军，不禁自嘲地感到：眼前这个家庭教师看着像个强盗，领子不打领结，一件夹外套要穿三个季节，"十足是个不详细的人"。接下来消息不断,有朋友被捕,有朋友被盯梢。跟萧军走在大街上,她没一点安全感,甚至有些神经兮兮,见陌生人跟萧军谈话,就以为是来抓捕的。

朋友们来家商量剧团公演事宜,萧红全无心思,一心想着家里是否藏有什么"恶物",待朋友一走,二萧立刻拖出箱子,把所有的书翻检一遍,把不安全的纸片、书籍迅速烧掉。萧红一回头突然发现桌上的吸墨纸用铅笔写有"小日本子,走狗,他妈的满洲国"等敏感字样时,没敢再看一眼扯过来就把整张纸丢进炉子。萧军很可惜那么一大张纸,呵斥道:"烧花了眼了?什么都烧,看用什么!""为着一个虱子,烧掉一件棉袄,就不能把字剪掉?"

"流浪去吧!哈尔滨也并不是家,那么流浪去吧!"二萧决定离开哈尔滨,去青岛。

临行之前,萧红又生病了,还是肚子疼得厉害,萧军动员她去乡下朋友家养病,她一个人待在乡下度日如年,寂寞难耐,"那样风雨的夜,那样忽寒忽热,独自幻想着夜"。直到第九天,萧军才来看她,她非要跟他回家不可,莫名的委屈几乎让她流下眼泪来,仿佛被虐待了一般,"穷人是没有家的,生了病被赶到朋友家去"。她对他的依恋是否也另有一层:她不相信他,他从来不是一个能在爱情上让她信任的人。

我要和你同姓

在青岛，二萧与先到这里的舒群一家住在观象一路一号的一座小楼，两家各住一个套间，小楼坐南朝北，面向一座郁郁葱葱的山岗，举目遥望，非常舒服，且小楼两侧都可以看到海，碧蓝的海水，飘荡的船帆……如此优美的环境让他们心旷神怡，暂时忘记生活的烦恼。

萧军化名刘均，经舒群介绍在《青岛晨报》任编辑，空闲时继续写作《八月的乡村》，萧红则集中精力，勤奋写作，不久完成著名中篇小说《生死场》。萧军在报馆结识了同事张梅林，三人经常一起去买菜，买回来萧红就做她拿手的大菜汤，吃得很满足。梅林读了萧红的《生死场》，萧红问怎么样，他说："感想还好，只是全部结构缺少有机的联系。"萧红说："我也这样感觉的，但现在为止，想不出其他方法了，就让它这样吧。"萧军听完得意洋洋地抽出自己的《八月的乡村》，"瞧我的呢。"萧军是个非常自负的人，虽然觉得萧红有一定的才华，但认为只有他自己才是真正地在写小说，萧红只是他的附属，算是陪衬（所以他比较安心，当这个结论反过来的时候，萧军不由得要恼羞成怒了）。

此间，他们与上海的鲁迅先生取得联系，并得到鲁迅的指导与鼓励。

萧军给鲁迅写信用笔名萧军，萧红用悄吟，《生死场》出版时她开始用萧红作笔名。爱人同姓。在《陈真》中，尤美面对父亲的阻挠和身份的障碍，哭着对爱人陈真说："我可以和你同姓，我可以姓陈。"我初次看到这里的时候不理解，同姓有什么意义。原来同姓有一种更亲近的感觉。同来同往，把名字排在一起，是步伐一致的并行（人们开始喜欢称"二萧"）。

萧军说："萧是我喜欢的京剧《打渔杀家》中的萧恩，又因我家是东北辽宁义县，这地方曾为辽国京城，辽为萧姓。军是我的出身，表示不忘本。"萧红在这之前一直用笔名悄吟等，是准备出版小说《生死场》时，萧军才替她起了一个笔名，叫"萧红"。1964年6月28日萧军在致研究者铁峰的信中解释说："这是有意识要把'红军'二字连在一起，那时蒋介石正在对红军做第五次'围剿'。"他偏偏要给他们做出点颜色来看看。

从萧军的解释里可以看出这种并行带有革命性的意味，一个非浪漫者的意愿。

非浪漫者的特点便是注重当下，他们无法将历史贯穿起来，只看到眼前，所以会有"不知现在的时代究竟需要什么样的作品"的困惑，这是1934年10月初二萧在给鲁迅的第一封信中的话。此时社会就像一个灰暗的被包裹得透不过气来的"铁屋子"，大多数文艺青年都觉得迷茫，前无可循的轨迹，后无继续的路途，他们看不清楚这个时代的面目，所以手足无措。

二萧并没有抱太大的希望，在这样的乱世中，不知道这封信是否能寄到鲁迅先生手上，而且也不知道先生会不会给陌生人回信，即使回信，也要等很长一段时间，所以信件寄出后他们"只是作为一种'希望'，一种'遥远的希望'在希望着，在等待着……"

不久，鲁迅先生的回信便邮到荒岛书店。二萧、孙乐文以及其他朋友分享了收到信后那"难于克制的激动和快乐"。

> 我们在那样的时代,那样的处境,那样的思想和心情的状况中而得到了先生的复信,如果形象一点说,就如久久生活于凄风苦雨、阴云漠漠的季节中,忽然从腾腾滚滚的阴云缝隙中间,闪射出一缕金色的阳光,这是希望,这是生命的源泉!又如航行在茫茫无际夜海上的一叶孤舟,既看不到正确的航向,也没有可以安全停泊的地方……(萧军语)

鲁迅先生在信中说:"不必问现在要什么,只要问自己能做什么。现在需要的是斗争的文学,如果作者是一个斗争者,那么,无论他写什么,写出来的东西一定是斗争的。就是写咖啡馆跳舞场罢,少爷们和革命者的作品,也绝不会一样。"多么中肯的意见,仿佛一道闪光划过黑夜,他们的困惑瞬间明了了,作为一个写作者,从来不应该问时代需要什么,市场需要什么,读者需要什么,遵循你的内心,才能写出最真诚的东西,张爱玲便从来不问时代需要什么,所以她的作品也没有时代的局限。

鲁迅还说:"我的那一本《野草》,技术并不算坏,但心情太颓唐了,因为那是我碰了许多钉子之后写出来的。我希望你脱离这种颓唐心情的影响。"(二萧去信中曾谈过对《野草》的感受。)可见他对青年的关爱,这种关爱像爱尔克灯塔的灯火,不但可以指引方向,还可以取暖,给人以生的力量。二萧一起读了又读,一封信竟然成了他们力量的源泉,生命的希望,被当作一纸"护身符录"似的永远带在身边!

宝黛是共读西厢,二萧是共读鲁迅。

不过有人说这是萧军后来添加的一重解释,在当时白色恐怖的环境下,他们不可能莽撞地去往枪口上撞;萧红的名字是她自己取的,与萧军同姓,不但代表了一种亲近,也表示对萧军的感恩,她始终觉得是他拯救了她,这也成为她之后日子的心结。

当然,二萧之间的关联不仅仅是"人为"的一个同姓,萧军说他们还有着共同的东西,"不管天,不管地,不担心明天的生活;蔑视一切,傲视一切……这种'流浪汉'式的性格,我们也是共有的"。正是这种"流浪汉"式的性格让他们成为患难夫妻,从哈尔滨到青岛,从青岛到上海。但是我总觉得这是萧军一厢情愿的想法。

在流浪中,萧红是留恋的,恐惧的,无奈的。

从哈尔滨离开时,多日的病和不安已经让她的身体弱得快要支持不住了。萧军回来看到她还没起来,就生气地嚷:"不管什么时候,总是懒。起来,收拾收拾……"这种"流浪汉"式的日子萧红是有口难言的。她在《最后的一个星期》里写道:

> 我手提个包袱。郎华说:
> "走吧!"他推开了门。
> 这正象乍搬到这房子郎华说"进去吧"一样,门开着我出来了,我腿发抖,心往下沉坠,忍不住这从没有落下来的眼泪,是哭的时候了!应该流一流眼泪。

至于"走吧""进去吧",对于粗犷的萧军没什么,但对于萧红却是一次又一次的再适应和再不舍。

二萧来青岛途经大连,在大连,萧军化名买的日本船票,刚一上船就有几个身穿制服的带枪伪满水上警察围上来,还有几个便衣,他们的真实身份是日本海上特务侦缉队,对于这种检查,萧军早就有心理准备,不慌不忙。但是看着对萧军的全身搜查,大病初愈的萧红脸色煞白,眼神里充满不安,她害怕萧军火爆的脾气忍耐不下与对方发生冲突。警察搜查完身体,又盘问了萧军一个钟头,近乎刻意刁难。萧红也被带到另一边接受其他警察的讯问。军人出身的萧军沉着应对,也在心里不断告诫自己要沉住气,虽然他回答得无懈可击,但盘问他的那

1934年夏,萧红在青岛樱花公园。

在青岛期间(1934年6月至11月),萧红完成了成名作《麦场》(即后来的《生死场》)的创作。这座美丽的海滨城市给了她一段快乐、充实的时光,这几乎是她成年后仅有的短暂的快乐体验。

个警察头目还是不甘心地边上下仔细打量,边说:"我看你不像正经好人,就冲你的眼睛也不像好人,好人没有这样的眼睛!"

可见,萧军无论怎样掩饰都遮盖不了他那双不服被人摆弄的充满怒气的眼睛,而萧红恰相反,她的眼神是惶恐的。这也是"流浪汉"式生活的代价。显然萧红丝毫没有感到刺激的快感,而是充满了恐惧。

他的恋人来了又去

1934年秋,国民党政治压力加强,青岛也笼罩在一片白色恐怖中。10月底,因为好友舒群被捕,二萧与张梅林仓促离开青岛至上海。他们先在一家小客栈住下,然后分头去找房子。二萧看到拉都路福显坊的一个亭子间正在出租,便很快搬进去,这个亭子间很大,而且是独立存在的,有单独的门出入。临窗有菜园,即使是冬季,也一片鲜绿。梅林还曾就萧军"眼前没有一点自然景物很难写作"的话揶揄萧军说:"那么,你就对着窗外的花园作诗吧!"

萧军说:"首先应该由发现菜园诗意的人写一首诗。"他指的是萧红。

这一次安家已经不像在哈尔滨一样逃难般的迫不得已,而是带着一股意气风发的闯劲，乐观且阳光，他们半天功夫就把亭子间收拾成充满生活气息的家了。

简陋粗糙的木板家具被萧红擦拭得一尘不染，西墙正中挂着金剑啸匆忙中为萧军画的油画像，另一张是西洋美人月下抱琴的画片。木柄平底锅坐在泥炉子上，旁边堆着几捆木炭，还有一袋面粉十分显眼。梅林见了不由得感叹："怎么一个上午就把这些物件置办齐全了？"萧军说："它们一天也不能少，办齐了放心，那袋面粉和木炭至少可以支持半个多月。"他们的日子是以食物和柴火来度量的，虽然仍旧贫苦，但富有生机的温馨场面却让梅林十分羡慕，二萧就邀他来同住，他还是婉拒了他们的好意。萧红骂他"有布尔乔亚臭习气"。

中午，萧红就开始从那口袋里掏面了，烙大饼，还做了牛肉青菜汤，三个人庆祝了一回。

有柴有面的日子让人心里踏实，尤其是下雨的日子，烙葱花饼吃，更是惬意。他们的踏实还有一个原因，那就是鲁迅先生很快回信了，说不能立刻见面，也叮嘱"上海有一批'文学家'阴险得很，非小心不可"。二萧对上海的境况一无所知，对鲁迅的处境更不了解，其实鲁迅时刻处于国民党特务的监视下，行动非常不便，对于要求见面的生人十分谨慎，可见二萧的鲁莽。

二萧只好与鲁迅先生开始频繁地通信往来。

鲁迅先为萧军的《八月的乡村》作序，又为萧红的《生死场》校阅并作序，列入"奴隶丛书"系列，自费出版后立时引起文坛的重视，由此奠定了萧红在现代文学史上的地位。在"东北作家群"中，萧红是最具艺术才情的作家，《生死场》署名的"萧红"跃入广大读者的视线,而"悄吟"默默无闻地消失了。

或者是饱而思淫的恒常规律,二萧的幸福生活没有维持多久,萧红便再次陷入焦虑。萧红在《商市街》和《桥》等散文集中,写了二人生活的一些片段,那是二萧患难与共、相依为命的日子。可以共患难,却难以同享乐。叶君说:"二萧在性格上先天存在有非常明显的不和谐因素,当他们共同面对巨大困厄时,这种不和谐被生存压力挤到了一个很不起眼的位置,一旦困厄渐渐消失,先前可以容忍、忽略的不和谐慢慢在两人心底各自放大开来。"

刚到上海时,萧军便去陈宅拜访陈娟了,陈娟在沈阳,不遇,但他们建立了书信联系,后来他还以二萧的名义给在哈尔滨举行婚礼的陈娟发去贺信。以两人名义与陈娟通信,萧红自然很不快,写作散文《一个南方的姑娘》记述了她当时的心情。

1936年初,新做母亲的陈娟带着孩子回上海省亲,后来又去拜望二萧,她以为自己都做了母亲,便可坦然与二萧说笑,萧红却本能地充满防御的敌意,她太知道萧军那"爱的哲学"了,没有什么能阻止他那颗爱得泛滥的心。

果然,此后萧军经常一个人去找陈娟,聊天,吃饭。陈娟说自己慢慢感觉到萧军的异样,"很害怕",他"太把自己沉溺于幻想中了",那她为什么还要一而再地接纳他呢?我总觉得陈娟有些装模作样了,作为女人,她还是无法干脆地拒绝他那"强烈的情感",他"固执的性格"虽然让她厌烦,却也满足了她的虚荣心。

可怜萧红只好使用不是办法的办法:搬家,离陈家远一些。

这种自欺欺人的做法显然没有起到一点作用，萧军仍旧不辞劳远地去见陈娟，萧红警觉地问他是否去找陈娟，他说去书店。他一见到陈娟，便向其转述出门时与萧红的对话，还大笑，把萧红的质疑当成了笑话，真不知道他是天真还是无耻。

成名后的萧军应酬多起来，他得便就利用在外吃饭的机会躲过萧红去看陈娟。面对他的不辞辛苦，深情注视，甚至出门冷不丁的一吻，"再次被萧军强吻令陈娟十分不安，一方面怕和萧军在一起，一方面更怕自己的拒绝会令他失望"。也许萧红猜对了，这个"南方姑娘"对萧军有不一样的情愫，尽管已经结婚生子，这种感情并没有杜绝干净，不然她不会"无法拒绝他的到来和邀请"。既然爱了，为什么还要和别人结婚？为了萧红吗？萧红又让她充满担忧。可见现实中的女子都是这般不纯粹的，既不敢爱也不敢恨，随波逐流，没有定性。暧昧，不洁。像张爱玲笔下的小人物，不干净不纯粹，不过世界也因为混沌而丰富了。尼采不是说过，在真正的理想社会，艺术家就没有了嘛。诗人就喜欢这种混乱，却又一直在控诉这种混乱。

"不久，在丈夫的不断催促下，陈娟最终决定5月1日北上。"她在留恋什么？临行前，萧军送来帮助筹措的20元旅费——萧军还是个实诚人，这令陈娟非常感激。这最后的晚餐上，萧军闷头喝伏特加，一瓶接一瓶，陈娟不忍，劝他别喝了，他说："从明天起我就不再喝酒了，为了你的缘故。这一杯，你让我痛痛快快地喝了吧。"

陈娟借口有事支走他，独自回去，他却要盯她的梢。电影院旁的马路上，萧军忽然从电线杆后面走出来，看见她旁边的另一个男人，惨厉地狞笑几声扬扬手走了。他与他高傲的女神的故事就此终结。

萧军和萧红常常争吵,也从不回避人,惹得朋友们都知道两人的感情有了裂隙。她已经明显地感觉到他在情感上对自己的背叛,她的猜疑和痛苦并非空穴来风。

有人说,男人的爱是减法,女人的爱是加法。我不大喜欢这些俗滥的调调,然而用在现实中,有时却又是无比精准。在萧红仍是"分分钟都需要你"时,萧军却已经明白"我的眼泪不只是为你而流,也为别人而流"。而萧红最怕的也是"你曾经讲给我听的词句,再讲给她听"(此时,《幻觉》里的心情再次回来了),这是无法忍受的否定,无法接受的置换。所以她自负又狠狠地说:"她是听不懂的。"这个理由没有多少说服力,但大多数女人喜欢用,她以为只有自己懂得他。

直到"我是坐在一块大石头上的,我的人儿怎不变作石头般的",变作石头般的硬而无感,那样我就不会伤心,不会心绞似的痛。她已经绝望了,绝望之后说:"我不哭了!我替我的爱人幸福!"她情愿自己的青春老死,始终不是"任由你来去自如,在我心底仍爱,如若碰,他比我好,只望停在远处,祝君安好"。爱情从来都是自私的,你的幸福从来不会成为我快乐的理由,你的幸福里怎么可以没有我?

我为着爱情痛苦,就是为着我的心儿痛苦。

追溯几千年前,《诗经》里都是这么说的:"士之耽兮,犹可说也;女之耽兮,不可说也。"

20世纪30年代的上海滩是时尚人士的荟萃之地。二萧当年"狂恋"之初,令萧红产生"幻觉"的玛丽也来到了上海,搅扰了萧军不安分的心。接近成名的男作家成了痛苦的暗恋者，情诗像泉水一样汩汩涌现，"一首一首是写给她的"，受了刺激的萧红也写下了组诗《苦杯》：

> 带着颜色的情诗，
> 一首一首是写给她的，
> 像三年前他写给我的一样。
> 也许人人都一样，
> 也许情诗再过三年，
> 他又写给另外一个姑娘。

没有永恒！"看吧，他如此待我，有一天，他也会像对我一样对你。"谁也不会成为最后一个，假如人的生命会无限期地延长下去。

> 他又去公园了，
> 我说：
> "我也去吧！"
> "你去做什么？"他自己走了。
> 他给他新的情人的诗说：
> "有谁不爱鸟儿似的姑娘！"
> "有谁忍拒绝少女红唇的苦！"
> 我不是少女，
> 我没有红唇了，
> 我穿的是从厨房带来的油污的衣裳。

> 为生活而流浪,
> 我更没有少女美的心肠。
> 他独自走了,
> 他独自去享受黄昏时公园里美丽的时光。
> 我在家里等待着,
> 等待明朝再去煮米熬汤。

萧红是自知且自卑的。她明白流浪的折磨已经夺去了她的青春。像所有的煮饭婆一样,虽然萧红的文学创作在外界的评价里高于萧军,但她还要振作精神帮助他整理、抄写文稿。同样是成名,萧军社会地位提高、经济收入增加、社交范围扩大,他的世界变得广阔而丰富,而女人的世界是狭窄的,失去萧军,萧红就失去了一切,"没有家,失去朋友,只有一个他,而今他又对我取着这般态度"。她惶恐与幽怨,"已经不爱我了吧!尚与我日日争吵,我的心潮破碎了,他分明知道,他又在我浸着毒一般痛苦的心上,时时踢打"。萧军不断在外面有应酬饭局,她就一个人到俄国大菜馆吃两角钱一客的便宜饭对付。

> 往日的爱人,
> 为我遮避暴风雨,
> 而今他变成暴风雨了!

他后来说她是心比天高,命比纸薄。萧军曾是她的恩人,在他面前,她是永远没有自尊的,恩情变成一道深深的耻辱，烙印在她的心上。她已经在他这里找不到温暖了，有的只是嘲讽、辱骂、自卑。

> 坐在床上哭，怕是他看到；
> 跑到厨房里去哭，
> 怕是邻居看到；
> 在街头哭，
> 那些陌生的人更会哗笑。
> 人间对我都是无情了。

这组《苦杯》是萧红由于个人感情方面的原因，情绪开始变坏，在写作散文和小说之余，开始像记日记一样写的组诗。写满了哭、眼泪、无情的字眼。冲动之下的作品，质量不高，但对她当时的心境可窥见一斑。萧军的婚外情对她的刺激有多大？是一时觉得整个世界都将她抛弃了，"人间对我都是无情了"。

因为是自我消遣的比较私密化的东西，所以在她生前从未发表过。这些诗像她的许多散文一样，写的都是她内心的感受，如泣如诉，把她当时那种失望、苦痛、郁闷、烦恼的心情，记录得清清楚楚，稚拙却情真。但是我最不喜欢发表别人日记的事情，在她死后，在她毫无力量阻止的情况下，她的内心就被别人这样赤裸裸地呈上来了，她的自尊被一点点消蚀着。

他的恋人来了又去，萧红的痛苦就这样绵绵不绝了。

我的眼泪只为你流

刚到上海时,萧军身体健硕,精力充沛,视睡觉是浪费,总是熬夜,而萧红身体虚弱,又爱失眠,所以提出分床睡。他们借回两张小铁床,萧红一个人睡在房间的另一边,夜里,忽然啜泣起来,萧军以为她犯病了,忙起来问。她说:"我睡不着!不习惯!觉得我们离得太遥远。"萧军又气又笑地说:"拉倒吧!别逗'英雄'了,还是回来睡吧。"

真是"面对面还想着你"地胶着。

然而前行的路全是分岔。

> 快乐总掺杂着痛苦,人类无法享用纯正、完美的东西。既如此,奉劝诸君:内心过分单纯和敏锐、看问题的目光过于明察秋毫,实际并无好处。处理人间事务时粗线条即可,不必过分深究。世间万事万物,总存在太多彼此矛盾的方面和各不相同的形式,考虑多了,反而迷茫。
> (蒙田语)

单纯且心思敏锐的萧红看问题的目光就是过于明察秋毫,萧军一丝一毫的冷漠都能触动她敏感的神经。

原本1935和1936年是萧红创作上的丰收年,她的生活是丰富且快乐的,然而这种欢乐情绪没持续多久,萧军的移情别恋就让她陷入苦闷的焦虑中,眼见萧红如此苦恼,身体、精神越来越差,好友黄源建议她去日本住一段时间,且有他的夫人许粤华照顾。萧红自己也觉得这段时间整天处于精神恍惚的状

1936年7月16日，萧红与黄源(左)、萧军(中)合影。
1935年12月，《生死场》的出版，让萧红在上海滩一夜成名。但是，二萧间的情感危机旋即消释了她的所有喜悦。萧红接受黄源的建议到日本居住一段时间。1936年7月16日，黄源为萧红饯行，三人在一起好好吃了一顿。饭后，到照相馆拍了一张合影。

态，很难安心做事，只写出了很少的几个短篇，再这样下去就荒废了自己。她把大量的时间虚掷在忧伤和不安中，还打扰了朋友的生活，所以于1936年夏天决定只身东渡日本。

到了东京之后，萧红的精神仍然不好，身体状况也开始变坏。失眠仍旧折磨着她，再加上发烧，头痛，肚子痛，骨节酸痛，她整个人显得非常疲乏，心绪不宁。但是既然来到了日本，就不能让日子白白过去，她准备到日语学习班报名，也可以继续写作。这期间她写了《王四的故事》《牛背上》《家族以外的人》《孤独的生活》等。《孤独的生活》描述了她一个人在东京孤寂的生活情景，异国的语言不通，朋友的极少且不遇，她一个人在比白日要长得多的夜里着实是寂寞了：

> 外面打着雷，天阴得混混沉沉的了。想要出去走走，又怕下雨，不然，又是比日里还要长的夜，又把我留在房间里了。终于拿了雨衣，走出去了，想要逛逛夜市，也怕下雨，还是去看华吧！一边带着失望一边向前走着，结果，她们仍是没有回来，仍是看到了两双拖鞋，仍是听到了那房东说了些我所不懂的话语。
>
> 假若，再有别的朋友或熟人，就是冒着雨，我也要去找他们，但实际是没有的。只好照着原路又走回来了。

《家族以外的人》写的是萧红童年时代的熟人有二伯，这是萧红作品里少有的性格鲜明的人物，她一向以写场景著称，为什么"有二伯"如此鲜活？推想起来应该是熟悉的缘故，此人是她家的远亲，又是她家的老雇工。她从小跟着他玩耍，比如她和有二伯抓着对方的把柄互相威胁的一幕，有二伯简直像个怯懦又固执的小孩子，相当真实可触，一个典型的北方贫苦农民的形象。有些像阿Q，既自尊又自卑，既善良又贪婪，处于既可笑又可怜的境地。其他如《王四的故事》，也是写一个老雇工的遭遇，但显然没有有二伯的形象鲜明突出了。

萧红这几篇写于东京的文章在1937年5月结集后于上海出版，她之前写的一些小说、散文也在这段时期结集出版，取名为《桥》。把自己的书握在手中的时候，会有一种"自我保存"的成就感，这可以暂缓萧红内心的伤痛吧。

刚登上去往日本的船,她就开始给萧军写信了。到了东京更是频繁地写信,开始还用上海话开句玩笑,越往后越絮叨,诉说她一个人的孤寂,后来就是直接说盼信,萧军怎么也不来信了?

一个男子,正和一个女子玩得起劲,忽然收到另外一个女子的来信,会不会皱下眉头——当别人将你忘记的时候回来,是不明智的。据说,这期间萧军又有了外遇——她扫了他的兴了。然而,他仍旧实在地说:(既然你在日本呆得那么痛苦)滚回来吧。

萧红这回可乐了:"你等着吧!说不定哪一个月,或哪一天,我可真要滚回去的。到那时候,我就说你让我回来的。"多么卑微!她心里是知道的,他并不真诚,"你让我回来的",是带着眼泪的撒娇又是自我安慰。当撒娇无人理会时,就成了自取其辱。萧军的信迟迟不来,萧红仍旧"我给你我的寂寞、我的黑暗、我心的饥渴;我试图用困惑、危险、失败来打动你"。

面对如此纠缠,男人觉得头痛,也许还有一点得意。不然他也不会在70年代末抄家返回物品中发现一批萧红的旧信——她写给他的情书——感到"惊喜万分",且经他加注变成了《萧红书简辑存注释录》出版,并虔诚地表示这些私人信件对于"有志于研究这位短命作家的生平思想、感情、生活等各方面的人会有一定参考作用",你们慢慢地去研究她的感情吧,她的感情里充满了我啊。他在乎的不是他的选择,不是萧红,而是他因选择所得到的"虚荣",和所失去的——另外的风景。

这次让他游离的是两人的共同的好友许粤华。

12月中旬，萧军再次催促萧红回国，她想，他是想念她了，有时候想念是一种确认，让她不必急着回来。她说：她并不是真的想中途回国，上次只是迫于日本警方的压力，才一时动了回国的念头，现在她想继续待下去，学好日语，在这样的异国，自由、舒适、平静而安闲，没有经济压力，没有精神苦难，以自己喜欢的方式养活自己，她觉得满足而充实，享受着独自面对自我的沉静时刻。然而又觉得怕，怕这样的安宁是在透支。她认为，生活中，无论是快乐、安宁、舒适都是有限的，固定的那么一些，此时用了彼时便没了，所以她的内心常常有潜在的惶恐。

> 窗上洒著白月的当儿，我愿意关了灯，坐下来沉默一些时候……是的，自己就在日本。自由和舒适，平静和安闲，经济一点也不紧迫，这真是黄金时代，是在笼子过的。从此我又想到了别的，什么事来到我这里就不对了，也不是时候了。对于自己的平安，显然是有些不惯，所以又爱这平安，又怕这平安。

萧军说，女人做了太太便会变得愚蠢。她想，女人做了太太确实大半是愚蠢的。她无法体察萧军这次催促她回国的焦虑，其实萧军焦虑的真正原因是：他与许粤华相恋，他们知道这段恋情是没有结果的，再发展下去只有痛苦，所以希望萧红回来，在他们中间做一个实实在在的"障碍物"，他们以为她的存在可以"明晃晃"地把这段恋情扼杀掉。然而萧红却写信说不回来。萧军只好再去信暗示了真实情况,再加上她从其他途径获得的信息,她才明白过来。这段匪夷所思的恋情对萧红不啻于晴天霹雳,她又变得悲观厌世,绝望地写下了充满凄苦的《沙粒》。

一一
今后将不再流泪了,
不是我心中没有悲哀,
而是这狂魍的人间迷惘了我了。
一二
和珍宝一样得来的友情,
一旦失掉了,
那刺痛就更甚于失掉了珍宝。
二七
此刻若问我什么最可怕?
我说:
泛滥了的情感最可怕。

他的心随时都有可能爱上别人,走马灯一样地变幻着,你永远别想获得感情上的安全感。这种对于"新鲜"的追求被某个朋友上升到了哲学的高度,他说"生命的意义在于选择,不断自我选择的过程就是成为自己的过程,是我们最重要的生命欲求之一"。可见持萧军的"爱便爱,不爱便放手"的爱的哲学的人不在少数,他们如此洒脱的同时,却没有想到,每一次选择都是对上一次的否定,是要一错再错吗?人的生命就是这样一次次的错误累积而成的吗？这完全不是智者的所为，越是拥有智慧的人，错误应该越少。知错能改善莫大焉，但是因为知道有改过的机会就可以一次次轻率地去"犯错"吗？鲁迅说："怀疑并不是缺点。总是疑，而并不下断语，这才是缺点。"

有人说爱情无所谓忠诚，只是诱惑不够。我不喜欢"忠诚"这个词，它意味着强制和规约，有违本性，萨宾娜用背叛来直抵内心最真实的自我就是反对"忠诚"的；但是，我同样不喜欢"诱惑"这个词，在某种程度上"变心"是无可指责的，心不同步，总有一个人先离开，这跟"忠诚"和"诱惑"无关。

摄于1937年，萧红离开东京前夕。

为了排遣伤痛，萧红于1936年7月17日只身赴日，蛰居东京。相片里的女作家，无论发式、服饰、还是神情，都透露出了东洋女人的作派。萧军于1937年初将她从东京召回。因为他要理性终结发生在自己身上的一场"无结果的恋爱"。

这只是一次改过的机会。那些愚蠢的看不清楚自己内心需要的人，那些贪图新鲜看不清花花世界真面目的人，一而再地利用这个机会。

萧军之所以大言不惭，理直气壮，就是因为这个借口给人一个不可攻破的假相。爱情就像落水者要搭船的典故，这船是让她搭还是直接拒绝？之后的事情谁也无法预料，就让她搭了，半路上杀出XX来，就是她该下船的时候了。爱而无信才最真。他寻找他最真实的内心去了，你却还留在原地。离开的决绝，被留下的独自收拾残局。萧红被留下来，"出户独彷徨，愁思当告谁？"

天空是被遮蔽的，心也是被遮蔽的，到处充盈着贪婪的谎言，我们却要怀着温柔的感情去原谅他的脆弱。

源源而来捂不住的伤

> 本也想静静地生活，
> 本也想静静地工作，
> 但被寂寞燃烧得发狂的时候，
> 烟，吃吧！
> 酒，喝吧！
> 谁人没有心胸过于狭小的时候！

萧红在日本这段时期被她称为"黄金时代",然而却是"牢笼"一样的"黄金时代",因为是用寂寞织就的。这样的日子也该结束了,萧红决定回上海。

轮船离开横滨港,岸上送别的人渐渐消失,萧红在甲板上缓缓走来走去,她一身黑白红三色方块花纹的长衫,既不像"和服",亦不像"中式民族装",她围着围巾,仅仅露出脸的中部,除眼鼻口外,看不清全貌。她引起了一名中国男子的注意,这名男子尾随着她,觉得很面熟,却不敢相认。

终于在餐厅里吃饭的时候,这名男子急中生智地对邻座熟人大声说道:"对面坐的那位女士像我以前的一位朋友。"萧红正在喝汤,听了这句话抬起了脸,问:"是说你的朋友像我吗?"当他说出他的朋友叫张乃莹的时候,萧红一下子从座位上站起来,跑到他身边,激动地握住他的手说:"你是高永益。"原来他就是高原,他没想到中学时代的好友张乃莹便是大作家萧红。他乡遇故知,两人的眼睛里都情不自禁地溢满泪水。他们从白天聊到晚上,又从夜里聊到早晨,还对同室的人说着"遇见亲人了",可见在异乡的寂寞。

萧红对高原谈起萧军,高原没想到这个慕名已久的三郎并不是日本人(名字像日本人),还谈到鲁迅、许广平、海婴,谈起这些亲人,萧红的脸上洋溢着游子归家的喜悦与幸福。

了解到高原的经济拮据,萧红把手里剩下的不足20元的日钞全部留给了他,并嘱咐他在上海要注意的事项。俨然一个让人备感温暖的大姐姐。

登上甲板,他们走到上海的码头,沐浴在家乡明媚的阳光中……

二萧住在吕班路 256 弄一处俄国人经营的家庭公寓，这里聚集了流亡上海的东北籍作家，是东北作家群的集聚地，萧军自然在群里是活跃分子。当晚，黄源便为之设宴洗尘，为了避免尴尬和不快，萧军与黄源夫妇都在萧红面前表现出若无其事的样子，另外还有几个相熟的朋友在座，大家都不主动提萧军那段"无结果的恋爱"，仿佛都在刻意回避着萧红，这更让她觉得不对劲，她不知道萧、许已经发展到什么地步，情绪变得复杂起来。

渐渐地，萧军这段恋情现实便暴露出来，萧红明显感到萧军对自己的无视，他一直忙着照顾人工流产的情人许粤华。在公众场合，二萧表面上依旧保持着亲密和谐，但在文艺观念上，萧红已经不再附和萧军，观点相左时针锋相对，私下里几近陌路。朋友们描述道：他们频繁地发生激烈的争吵，"一前一后地走着，萧军在前大踏步地走，萧红后边跟着，很少见到他们并排走"。

1937 年春，有位日本作家来上海游历，想见见许广平及其周围的朋友，大家高兴地聚在一间小咖啡馆，但是忽然看见萧红左眼青了一大块，觉得很奇怪，不时有熟悉的朋友关心地问她是怎么回事，萧红说是自己不小心碰伤了。等送走了客人，大家在马路上边走边聊，又有人提起她的眼睛，要她以后多加小心，在旁的萧军忍不住了："干吗要替我隐瞒，是我打的。"萧红赶紧说："不是故意打的，他喝醉了酒，我劝他，他举手把我一推，就打到眼睛上了。"她还低声对梅志说："他喝醉了酒要发疯的。"萧军却不领情，仍旧大声嚷嚷："行了，别掩饰了，我喝我的酒，就是我打的。"

这哪里像是知识分子的作为，据说二萧文艺理念不合，萧军就对萧红拳脚相向，这也太恐怖了，乍一听还以为是生活在兽群里呢。他自己竟然不以为耻，还在朋友面前揭穿萧红的掩饰，仿佛打女人是件很光荣的事，"瞧，我多有本事，把她治得服服帖帖"。朋友们倒为他们觉得难为情，纷纷四散了，尤其是作家靳以还把这幕情景在《悼萧红》中记载下来：

"什么跌伤的，别不要脸了！"这时坐在她一旁的S就得意地说，"我昨天喝了酒，借点酒气我就打她一拳，就把她眼睛打青了！"

他说着还挥着他那握紧的拳头做势，我们都不说话，觉得这耻辱该由我们男子分担的。幸好他并没有说出"女人原要打的，不打怎么可以呀"的话来。

萧军一再强调，"萧红是个没有'妻性'的人，我也从来没有向她要求过这一'妻性'"。在野蛮社会里，女人是要有"妻性"的，而没有"妻性"的女人就时常挨丈夫的打，所谓封建社会常用的"家法"，这"妻性"原是打出来的，可见萧军的思想停留在野蛮的社会却不自知。萧红不是"嫁鸡随鸡"的奴性女子，在生活上，她确实有依附性，但在思想上，她有着强烈的自主意识。

叶君说："萧红、萧军毕竟是两个性情很不一致，且自主性都很强的人。她那过于强大的自主性，在某种意义上也是其人生悲剧的根源之一。"把萧红的人生悲剧归结为她那强大的自主性是不是太不公平了，这仍旧是男权意识的思想，说了这么多年的男女平等，女人在男人眼里仍旧不可以有"自主性"，男人仍旧想要把女人当作自己的附属品。怪不得波伏瓦要写《第二性》，这个恒久的历史性的问题是这么难以解决，作为一个人的"劣根性"根深蒂固。其实在漫长的历史长河中，对女人是否尊重也是衡量一种文明是否进步的标准。

萧军说："她是个好人，但是不适合做妻子，她是只风筝，总是想飞得太高。"在萧军心里，妻子是有标准的，是不能飞得高过他的。怪不得萧红说：女人的羽翼是低的。在男权社会里，女人是不能飞的，是不能高过男人的。

萧红的心情复杂而哀伤，越来越沉默。萧军并没有觉察到她的沉默，因为他"太自信了"，他以为他是吃定了她，他以为她永远不会离开他，他以为把她放在哪儿她就呆在哪儿地听话，萧红走出了他的预料。

她注意到报纸上有一则私立画院招生广告，连忙打电话询问是否招寄宿生，得到了肯定的答复。当画家一直是萧红的一个遥远又切近的梦想，如此既可以为着自己的爱好而行，又可以从她与萧军共有的朋友圈子里暂时消失——在这个男性化的社会里，所谓"朋友"都是站在萧军一边的，她要逃开他们的关注。

从画院里出来，萧红在大门口碰见了萧军。他竟然跟看见一个陌生人一样对她视而不见，仍旧自顾自地大踏步走回来，萧红的脸上也许露出了凄楚的冷笑，她也没搭理他，跟在后面走回来。

晚上，她仍旧周到地招待萧军和住在同一公寓的几个东北籍作家朋友，内心里一边盘算寄宿画院的事。饭后，长期以来习惯性精神倦怠的萧红又感到了疲倦,先去睡了,萧军与朋友仍在闲聊。她隐隐听到萧军说:"她的散文有什么好呢?"朋友马上附和"结构却也不坚实"。萧红听了很生气,蓦地爬起来,出现在他们面前,闲谈随即而止。她已经习惯了这种规避她的情景,然而今天却有一点凌人的气势,她实在无法忍受这些在背后议论她的男人们了。大概萧军也感觉到了,为了缓和气氛,说:"你还没睡呀!"萧红目光冷峻地说:"没有。"这一刹那,她做出了逃离的决定。

深夜里,待萧军他们都睡下了,她悄悄起床整理衣物,将手提箱里仅有的12元法币留下一半给他们作为买菜的零用钱,黎明时分,她拎着箱子悄然出走。她想隐藏在画院里,隐藏在这个冰冷的城市里。然而,萧军的两个朋友很快找到画院,画院主持者诧异地说:"你原来有丈夫呀!那么你丈夫不允许,我们是不收的。"她像"俘虏"一样被朋友带回来。这样的结果真是令她欲哭无泪,欲笑不能。一个上海知名作家,却仿佛失了自由一样的囚犯,被无形的道德规范囚禁着。她的出走更加重了她在人们眼中的异样,像个异类游魂一样行走在充满非议的言论中,这次更加坐实了她孤僻、倔强、不合群的口实。她愈加苦闷彷徨起来。不能这样坐以待毙,萧红想到在北平念书时基于自己而非萧军建立起友谊的一些朋友,开始怀念他们,也想去那边散散心,就决定去北平。当她提出要去北平的时候,萧军比较赞同,让她先去,说自己处理完一些事情后"跟至"。其实他这个"跟至"是有保留的,他对北京从来没有什么好印象。

萧红问弟弟张秀珂可愿意同往,弟弟来上海就是为投奔二萧来的,没想到姐姐竟然要走,他拒绝了跟她去北平的邀请,一个人去西安追求自己的人生了。也许他还以为姐姐的走是在驱赶他这个包袱,或者,他也觉得作为女性的姐姐实在太任性了,三天两头跟豪爽(他来上海时,萧军很是照顾他)、善良的姐夫吵架。那个时候他一点都不了解姐姐的心情,作为弟弟,他从未觉察萧红的无奈处境。不过这里也可以看出萧红的内心还是温暖的,张爱玲就从来没有想过要与弟弟结伴同行。在张爱玲的心里,就连在弟弟面前,她也要保持她的尊严,任何人不能介入她的生活,不能窥视她的窘迫。萧红还是很在乎这点儿仅剩的亲情的,但是张秀珂却从来没有试图去了解自己的姐姐。

这真是一个发疯的社会

1937年4月23日,目送萧红离去后,萧军回到空荡荡的屋子里,不由得有些失落。他很清楚萧红为什么要走,也有了一些歉疚,反思之间,写下日记:"她走了!送她回来,我看着她的床,我要哭,但是没有泪。我知道,世界上只有她才是真正爱我的人。但是她走了!……"他爱过很多人,要么雾里看花,要么露水情缘,当夜深人静、水落石出的时候,他心里很清楚,只有萧红是真爱他的,也只有真爱可以包容缺点,可以忽略种种的不喜欢,你在她面前不需要任何掩饰,看着你衣衫褴褛、吃相不堪也不露丝毫嫌恶之色;你没有钱、没有地位甚至没有一个确定的未来,她也不会离开你,她不会像汪小姐、陈娟一类的女子一样转身便攀了高枝去了。那情分是短的,是淡的,是不可把握的。然而也正是萧红给予他的这种安全感让他有恃无恐,他以为她总不会离开他的。他便用了这爱的皮鞭肆意地抽打在她的身上。

等她转身,他才觉得心底的依恋……

萧红坐在列车上,望着黑沉沉的夜幕,陡然生出孤寂之感,上海越来越远,她的爱人也越来越远。刚刚从日本回到上海才三个月,自己又成了天涯孤旅客。上次是依依惜别,在船上就不由得掏出笔给萧军写信,这次是百无聊赖,是一种倾诉的欲望,她要把沿途风景都告诉萧军。光秃秃的树,白色的鹅鸭,正在吃草的马匹,然而很快又觉得无聊、烦躁和无边无际的厌倦。

早晨的阳光从车窗里照进来,萧红睁开迷蒙的双眼,阔别五年的北平就在眼前了。"萧红看见那些来自家乡的子弟泥猴般,像马匹一样冒着小雨站在货车厢里,闹着、笑着,不知道他们的欢喜来自哪里"(陈子华:《萧红年谱》),忽然想起朱自清说的一句话"热闹都是他们的,而我,什么也没有"。然而连那热闹也叫人看不懂,他们的欢喜到底来自哪里呢?她不解地望着那些对自身苦难没有觉察的年轻的兄弟们,这种追问不仅仅是对那些人麻木的惊讶,也是对自己毫无欢乐的叹息。

北平是一个熟悉的城市,下了车她把行李放在旅馆,便去找她在北平曾经的熟人,物是人非,大多朋友早已是人去楼空，这座没有朋友的城市忽然变得陌生起来，最后她终于找到了当年好友李洁吾。李洁吾看到萧红，几乎认不出她来了："啊，乃莹！是你！"萧红进了屋，脱掉大衣，给他一个西式拥抱，吓得李洁吾不由得向厨房里看了一眼正在准备晚饭的妻子。这个来自东北乡下的女人自然开始怀疑萧红与丈夫的关系，本能地带出一丝敌意来。

然而萧红最后还是提议要搬到李家来住。因为北平房子很难找，不是条件太差就是太贵，李洁吾打听到北辰宫公寓倒是比较合适，但是一时又没有空房间，中央饭店每天两块的价格实在昂贵，萧红急着搬出来。李妻没有明确反对，当天下午，李洁吾夫妇就帮萧红从饭店搬到他们家，安顿她独自住在一间房里。

萧红第一件事就是把萧军的大照片摆在桌上，李洁吾见了不住地夸萧军是个很厉害的人，很有魄力，他最近正在读他的《第三代》，听到老友对萧军如此高的评价，萧红很高兴。

萧红想进入荒废已久的写作计划中，但李妻对她成见未消，第二天便丢下孩子独自到朋友家去了，李洁吾要出去上课，只好让萧红帮忙照看孩子。一有女人接近萧军，"有人（萧红）要吃醋的"，她这样以老友之名住进李洁吾的家里，是否也有一种凌人的自负呢？"我们先认识的"，而且与乡下的没有文化的李妻相比，她更有一种自信和自豪，难怪李妻会介意，她自己倒不介意起来了。像在自己家里一样，说搬来就搬来，还经常找李洁吾聊天。

萧红从与李洁吾夫妇的交谈中，也了解到他们各自的痛苦。听着李洁吾的诉说，她觉得很好笑，本来是来北平逃避自己的痛苦的，没想到她自己倒成了开导别人的角色，她在信里对萧军说："我真奇怪，谁家都是这样，这真是发疯的社会。"似乎在说"家家有本难念的经"，在外表看上去光鲜的人家，内里却是苦的，这就是不可避免的宿命般的茫茫的日子啊。

过了几天，北辰宫公寓有空房了，萧红就搬出了李家。只是时常到李洁吾家坐坐，慢慢感觉到了沉闷无生气，完全没有了以前大家一起毫无顾忌地畅谈的快意以及相互帮助的温暖。人大抵如此，只兴自己不兴别人，"我可以对有妇之夫无所顾忌，你不可以对我的男人无所顾忌"。也许每个女人都会说："我们不一样，我们是朋友。"爱情的开端都是朋友，萧红如此的理直气壮，是因为她自觉内心坦荡（甚至会觉得别人的介意是好笑的），可是在情感泛滥的人潮中，友情和爱情的界限是多么模糊啊！当朋友不能如她所愿排遣她的寂寞和孤单的时候，她又希望收到萧军的信。"我想你应该有信来了，不见你的信，好像总有一件事，我希望快来信！"

萧军回了一封长信，介绍了一些朋友的近况，还强调自己已经戒酒了，心里涨满写作的冲动；眼下正迷于《安娜·卡列尼娜》，还自比渥伦斯基。

萧红仍旧不停地诉说自己的烦乱心绪，无法安心写作，萧军自然明白这是因他们之间的情绪纠葛而起，也不避讳，信中坦言说："这是给予我们从事艺术的人很宝贵的贡献。从这里我们会理解人类心理变化真正的过程！"他竟然把感情历程当作一种经验来利用，把给予萧红的痛苦当成意外的收获，看起来多么理智而无情，功利而冷酷啊。这也是萧军性格所决定的，他的直接和粗砺根本无法体会萧红的婉曲和细腻，那九曲十八弯的心思他根本没有办法也没有兴趣去一褶褶梳理。当萧红痛苦得无以言说的时候，他竟然充满兴致地在学习"足声舞"，萧红落寞的心情他并未放在心上。或许这也是大多数男人的习惯，当问题无法解决的时候，他们选择回避，大事化小，小事化了，让它们自行消失，自己还是该吃的吃，该喝的喝，该玩的玩。坦然地面对，然后坦然地接受了。萧红无法接受，所以爱恨交织，纠结不开。她在心里呼喊着："痛苦的人生啊！服毒的人生啊！"她一边流着眼泪一边给萧军写信：

> 我虽写信并不写什么痛苦的字眼，说话也尽是欢乐的话语，但我的心就像被浸在毒汁里那么黑暗，浸得久了，或者我的心会被淹死的，我知道这是不对，我时时在批判着自己，但是这是情感，我批判不了……

面对萧红的呼救，萧军却说："你应该像一个决斗的勇士似的，对待你的痛苦，不要畏惧它，不要在它面前软弱了自己，这是羞耻！"还摆出论据：因为他自己就是这样做的，"我的痛苦，我又怎么来解释呢？我只好说这是我'自作自受'，自家酿酒自家吃……"他确实是自作自受，那萧红也是自作自受吗？如果硬要说是，那么她的自作自受就是爱错了人，原因仍旧会归结到他身上去，这个"错"的人。

"女之耽兮，不可说也"，为什么他总是在引起你蛮暴的热情之后又头也不回地离你而去呢？他以欣赏和喜欢引诱了你的感情，却让你独自应对他的贪婪和无情留下的残局，真像一首歌中唱的："你伤害了我，却一笑而过。"

叶君说:"两人不能弥合的裂痕根源于他们在对待'爱'的态度上存有明显错位:萧红追求的是矢志不渝的恒久,而萧军追求的则是'在路上'的无限'爱'之风景。"山盟海誓,地久天长,是历久不衰的爱情宣言,也是爱情的基本条件,是萧红以及众多女性所重视的。但是在某些男性心里,爱情就成了一种征服,像登山,一山比一山高,他们所享受的只是征服后的快感,并没有真正体验爱情本身,像闫红说的:"情场上的胜利者,未必能够拥有爱情,爱情,实质上是自己的事情,首先要你自己情动于衷,有所煎熬与磨难,你才能享受到爱情的极致,若没有这个前提,就算赚到了别人的爱,没有自己的投入互动与激活,也只是物理性的累积,可以叫作成就,不算爱情。"那些轻浮的男子,只想做一个"成功者"而不是"爱者",萧军便是这一类人。

难怪萧红说"这是一个发疯的社会",因为人已经不喜欢为自己的曾经负责,所有的言行都过期作废,以善变的内心支撑处世原则,就再也不能够一环套一环,像偶然中失了一颗螺丝钉的机器,无法啮合的齿轮失了魂一样滚下来,接着,每个零件都在脱落中。这个世界变得混乱、疯狂,像一幅荒诞派绘画。

收到萧军的几封"高调"信之后,萧红开始对他的来信兴味索然,不同的立场,不同的心态,让她明了此时他们之间无法沟通。她信写得少了,写也只是寥寥数语。她对他也有了更深的认识,萧军那套"为多数人打算"的宏大志向,在萧红看来,已经变得相当可笑,他曾在《为了爱的缘故》一文中表示自己为了拯救萧红一个人而放弃了为多数人去参加革命打游击,他说从来不喜欢也不觉得自己适合做一个文人,他的理想是去前方打仗,是萧红拖累了他,阻碍了他的追求。萧红在信中揶揄地说他为了并不值得爱的女人不但忘了人民,连性命也忘了。

我的长篇并没有计划,但此时我并不过于自责"为了恋爱,而忘掉了人民,女人的性格啊!自私啊!"从前,我也这样想,可是现在我不了,因为我看见男子为了并不值得爱的女人,不但忘了人民,而且忘了性命。何况我还没有忘了性命,就是忘性命也是值得呀!在人生的路上,总算有一个时期在我的脚迹旁边,也踏着他的脚迹。总算两个灵魂和两根琴弦似的互相调谐过。

"连性命也忘了"的萧军是个个性冲动,任情感支配的人,而萧红天真率直,不像那些精明的女人遇到感情问题时可以从容不迫,她的手忙脚乱、束手无策恰巧给了萧军外遇的机会。

郝庆军说:外遇并不仅仅意味着两人契约关系的违反和游离,在深层意义上更意味着对另一方人格和感情的轻贱、伤害甚至践踏,尤其对二萧这样所谓的"患难夫妻",任何一方对他们感情不忠诚就是对他们共同度过的苦难岁月的嘲讽,对所谓人格的尊严感和生命的庄严感都予以无情的戏弄和颠覆,只剩下虚无和滑稽。

期间,好友淑奇也遇到了感情问题,萧红让萧军多去看望她,作为女人的淑奇也更加了解萧红的苦闷,所以也写信给在北京的好友舒群,嘱咐他多去看望萧红。

舒群和萧红一起逛长城,大风于山间回旋,如滚滚海浪般动人心魄,注视着层叠的群山和蜿蜒其上的长城,萧红不禁想起小时候大伯父所教读的《吊古战场文》中的句子:风悲日曛,群山纠纷。会当凌绝顶的景观让萧红暂时忘记小我,觉宇宙之无穷……

登高望远,萧红的心境变得开阔,有舒群陪着散心,此前的郁闷也渐渐消释。

你不过是英儿的玫瑰

1937年5月中旬,萧红被萧军的一封谎称自己"旧病复发"的信"骗"回上海。不久,卢沟桥事变,北平拉开抗战序幕,战火从北向南一路燃烧,迫近上海。8月13日,日本侵略军进攻上海。从此之后,天空呼啸着日本的轰炸机,地面上机关枪也在狂吼。萧红据此写出了散文《失眠之夜》《天空的点缀》。前者讲述了她与萧军在日军占领了上海之后,夜不能寐,思念故乡的情景;后者记录了日军飞机在天空肆意摧残上海的情景。

尽管时局紧张,鲁迅纪念委员会仍旧决议于先生一周年忌日前编辑出版《鲁迅先生纪念集》和《鲁迅先生纪念册》。

许广平、萧红、萧军、胡风、黄源等人共同参与编纂事务，另外还有日本鹿地亘也投入到鲁迅大全集翻译工作中，鲁迅生前，鹿地及夫人池田幸子即已与二萧关系相熟。中日交战，双方都在打击间谍，他们的处境非常艰难，先住在二萧家，时时有被日本警察抓去的危险，后来搬到许广平家，也被特务监视，萧红担心他们的安危，时常去看望。他们后来躲到一家熟人家去，不久又被赶出来，人家怕因家里住着日本人被人当作汉奸。萧红又帮他们联系到了一名德国医生，连夜慌张地赶到医院，但德国医生这边也没有暂住的可能，于是就在"国际公寓"帮他们租了一间房，萧红与鹿地夫妇又转移到公寓，在恐慌中，她还不断笑着调侃。别的朋友都不敢接近鹿地夫妇，萧红却不时来陪他们聊天，给他们以巨大安慰，两人甚是感激。想到朋友命悬一线，她当晚还为了朋友的安全，带走他们的日记、诗文（帮助中国的证据及一些反战宣传文章），鹿地握手时问她是否害怕，萧红嘴里说"不怕"，其实都没有把握自己下一秒是否还会这样说……

萧红给鹿地夫妇的勇敢救助，给许广平留下了深刻的印象，她在《追忆萧红》结尾写道："在患难生死临头之际，萧红先生是置之度外地为朋友奔走，超乎利害之外的正义感弥漫着她的心头，在这里我们看到她却并不软弱，而益见其坚毅不拔，是极端发扬中国固有道德，为朋友急难的弥足珍贵的精神。"

作为一名进步作家，萧红的思想是开阔超前的，在救助鹿地夫妇的过程中也显示了她不同于一般女性的气度和胆识，她并不是萧军眼中的"弱"者，她既具有女性的韧性，也具有男性的甚至比男性更强的勇敢。但是,面对爱情,萧红却像个小女子一样没有这样的胸襟了,池田幸子就此很不解,谈起萧红时常有这样的疑问:"进步作家的她,为什么另一方面又那么比男性柔弱,一股脑儿被男性所支配呢?"

至情至性的人容易跟着文艺人物走,萧红即是如此。然而她终究逃不过现实的琐碎和复杂,种种的退让和尴尬,懦弱和无奈,所以她的小说是苦的,是同情的。读了让人觉得生活无望,这样的生活是不值得经历的,没有姿态,有也只是被一次次打倒;张爱玲的姿态却是优雅的、高贵的,她可以站在世外,给人一种高度——追求的高度,读她就像读小说,进入另一个世界,没有纷扰的世界,一时的疏离让人心获得一次升华,把琐事放下,认为不值得费心,她的睥睨世俗是需要一种能量的,她可以自给自足,而萧红却做不到这一点,她必须攀附,萧红说自己最大的不幸便是因为她是个"女人"。对她而言,"女性的天空是低的,羽翼是软的,而身边的累赘又是笨重的!"她不够独立,对男人的依赖甚至让朋友看到觉得非常生气(怒其不争)!在萧红的意识中,每个女人都必须有一个男人,否则便无法存活,所以她一味顺从、容忍、依赖男人,这非但没有赢得男人的心反而遭到男人的轻贱和蔑视。

曾有好友和她开玩笑说她是《红楼梦》里的林黛玉,她摇头凄然道,那个孤苦伶仃的香菱才是自己。

是不是每一个人的人生内部都有着这样的尴尬?只是张爱玲采取了优雅的姿态,而萧红不管不顾地展现着疮疤,张从不写自己,你从她的小说里看到她的思想却看不到她的生活,仿佛一瓶封存的美酒，没有人看到她的内部，而萧红虽然从不诉说自己的身世，回避自己的某些经历，可她不顾一切的行事，造成太多耻辱的后果，让人看着，过于赤裸裸。

对于那些好事人的"扒"，我并不觉得同情的成分有多少，鲁迅说："我向来不惮以最恶的坏意来揣测中国人的。"张爱玲的小说也在说明着同样的道理。没有同情，同情不是侮辱便是谈资，所有的人都只是为了给自己的心一点安慰，尼采说行善也是一种需要。可惜，萧红的苦闷无从掩饰，她的被男性支配的生活被所有的朋友看在眼内。有不解，有疑问，有鄙视，有嫌恶，有同情，也有怒其不争。当鹿地进入国民政府，池田幸子成了官员夫人的时候，她不是也厌烦了这个曾经帮助过她的好朋友吗？

梅志还形容了她临去上海时的装扮，不伦不类，像个无知无识的朝鲜妇女。也许，萧红一直是个不会打扮自己的女人（鲁迅先生就曾经批评过她的着装打扮），然而也不至于受到如此贬低吧，她只是想换一种形象而已，却被梅志有些看不惯了。当初在酒桌上她可是因着二萧这两名作家与胡风的热络热情高涨得很呢。张爱玲说："一个女人，倘若得不到异性的爱，就也得不到同性的尊重，女人就是这点贱。"在这里，在朋友们面前，萧红自取其辱。

为爱情而卑微的人，最容易受人鄙视。

所以她不说，但她控制不了自己的表情流露。

在萧军的眼中，萧红是用诗人的浪漫来处理感情，他说这是一种低能的、软弱的表现！"你是这世界上真正认识我和真正爱我的人！也正是为了这样，也是我自己痛苦的泉源。也是你的痛苦的泉源。可是我们不能够允许痛苦永久啮咬着我们,……要寻求……获得一个补救的结果。否则,那一切全得破灭。"他寻求补救的办法就是分手,但是他又说,如果萧红不提出分手,他是不会提的,他会一辈子照顾她,但是,这期间,不能不允许他爱上别人。我并不反对这种直逼内心真实的做法——爱情是自由的——可那是他内心真实想要的吗?他有心吗?萧红不知道"洋葱"男人是不懂得心痛的,她只好看着他的诗写给他的情人,自己的诗写给悲哀的心。她曾意味深长地说:"说不出的痛,才是真正的痛。"

他虽然不主动提出,但她也明白爱情已经到了终点。

萧红回到上海,许粤华来向萧军求助,在一旁的萧红没理她,这让萧军觉得萧红心胸狭隘,因为嫉妒而毫无同情心,"原先我总以为她是超过于普通女人那样范围,于今我知道她不独有着其他女人一般的性格,有时还甚些,总之,我们这是为了工作生活着了。"他竟然在日记里抱怨,觉得人生无趣,只剩下机械的工作了,甚至产生幻灭之感:"我以后也许不再需要女人的爱情,爱情这东西是不存在的,吟也是如此,她乐意存在这里就存在这里,乐意走就走。"

有人分析他们从共患难到分道扬镳主要是因为性格不同,人生选择不同和文化差异。萧红敏感细腻,自尊心强,又特别依赖于爱,萧军则自负、霸道、粗犷,他的简单粗暴时常伤害着萧红强烈的自尊心。我觉得这确实是一个很重要的因素,但多年后萧军依然坚持自己的看法:"我爱的是史湘云或尤三姐那样的人,不爱林黛玉、妙玉或薛宝钗……"这就成了一种借口,如果他爱的是史湘云而不是林妹妹般多愁善感的萧红,那又为什么要跟她在一起?变心就是变心了,何苦多年后才发现萧红不是他喜欢的类型?!关于人生选择不同,前面已经说过,萧军要上前线,打游击,弃文从武的想法更是可笑得不堪一击的;萧军一直瞧不起萧红所写的东西,说过多注意和探究生活琐事是浪费精力,他关注的是宏大主题,就此二人也经常发生口角,而鲁迅、胡风等人又恰恰对萧红的评价高于萧军,这是大男子主义的他不愿意接受和承认的。当萧红的成就越来越耀眼,女性意识越来越强,生活不再占据全部精力时,他们的结合就成为一种羁绊,两人只会渐行渐远。

其实这都不是根本原因,最根本的原因是萧军与萧红之间的爱情是没有"喜欢"这个基础的,就像很多年之后,萧红在遗嘱里要将《生死场》的版权留给萧军,而端木什么也没有,人们以此猜测萧红最爱的人是萧军,我认为这里有公平和同情的意味,还有回报(她一直觉得自己欠他的)。一日夫妻百日恩,她对萧军有亲情。亲情和爱情的区别是,亲情有无私的爱,爱情有自私的计较,爱情是以喜欢为前提的,而亲情可以没有喜欢这个基础了。她把版权留给他,就像常说的把遗产留给妻子,把枫叶留给情人。你会爱上一个为你付出多的人,你会喜欢一个让你欣赏的人。喜欢是自私的,是为了满足自己,爱是无私的,是想使他人幸福。但是没有喜欢为基础的爱是不牢靠的,所以二萧之间的爱情不牢靠,她在他的心目中是个平庸懦弱的女子,他在她的心中有着"强盗一样的灵魂"。

包括她濒临死亡之际说道:"如果萧军在重庆,我给他拍电报,他还会像当年在哈尔滨那样来救我吧……"这是一种笃信和了解。以萧军的仁义和爱冲动的个性，他确实会做这样的事情，这不是喜欢不是爱。

对于萧红的早逝，萧军是怀念和惋惜的，但是显然萧军对她的心意有曲解。萧红31岁逝世，而历经沧桑、垂垂老矣的萧军在1978年整理注释了萧红写给他的旧信，编选成书，所以有人说他内心深处应该想念过这个曾经共同生活的伴侣。我并不觉得他把旧信编选成书是一种想念甚至纪念，书信是私人化的东西，没有征得当事人的同意，怎么可以公诸于世？怎么可以把她的伤疤揭开给世人看？

萧军的爱情总让我想到一个场景：一条吧儿狗，见了骨头，痴呆呆地望着，还不由自主地流下哈喇子。没有互动的爱情永远不是真正的爱情，记得一个朋友说，他年少的时候，给一个女孩写了上百封情书，但那女孩吓坏了，估计那情书连看也没看。我很奇怪，爱情是心灵的共震，是一种相互欣赏，他跟那女孩毫无沟通（不然也不会吓坏），为什么会爱上她呢？他爱她的什么呢？他爱上的只是一个外在的影像，他说爱情是盲目的，但这"盲目"绝不是见着稍微符合标准的就爱，爱情是具有唯一性的，所谓"盲目"应该是指放弃外在环境，不权衡客观条件，不考虑外界阻挠。所以，萧军的"爱情"是卑琐无味的，他那颗粗糙的心只有欲望的需求，还没有达到能够体味爱情的境界。

1938年2月，萧红在决定与萧军分手时曾对好友聂绀弩说："我爱他，今天还爱，他是个优秀的小说家，在思想上是同志，又是一同在患难中挣扎过来的！可是做他的妻子却太痛苦了。"优秀的小说家、思想上的同志、共患难，这些都不足以构成爱情的充分条件。

爱情是互相懂得之后的会心,是心灵的渴求和无法分离。

互相懂得不是互相知道,像某个朋友说的:"你都没跟他在一起生活过,你怎么写好他?他的一举一动,一个呼噜一声打嗝。"这不叫懂得,这只是熟悉后的"知道"。与任何人待时间长了都可以了解他的习性,但却未必"懂得"他的内心。

世人总喜欢把习惯当爱情。萧红就是处在这种习惯当中,感情是可以累计递增的,我们终归会爱上这种习惯,不舍,不舍。

他以为人家爱他,其实,这爱不过是爱自己。爱惜自己脆弱的心。而你,恰巧是那个男人,因为认识,因为习惯,你得意个什么劲呢?这种感情惯性就像顾城的诗:"英儿以为那里有玫瑰,就向那里伸出手去,她发现那里没有玫瑰,还是向那里伸出手去。"

第 3 章 萧红与鲁迅

我就在墓边竖了一株小小的花草,
但并不是用以招吊你的亡灵,
只是说一声:"久违。"

我们踏着墓畔的小草,
听着附近石匠钻刻着墓石,
或是碑文的声音。

那一刻,
胸中的肺叶跳跃起来,
我哭着你,
不是哭你,
而是哭着正义。

——摘自萧红《拜墓诗——为鲁迅先生》

1937年,萧红从日本回来后,即前往鲁迅墓拜祭。

左起:许广平、萧红、海婴、萧军。

千里马遇上伯乐

很多人认为,正是二萧的相遇,才有后来的作为作家的萧红。我觉得每个人都有自己的生命轨迹,一个能写的人,一个有表达欲望的人,无论遇到谁,她都会找一个表达的出口,没有萧军,她仍旧可以写,但是没有鲁迅,她的作品很难如此广泛流传。

二萧与鲁迅通信后不久,萧红发出抗议,原因是:鲁迅给两个人写信,开头只有对萧军的称呼,最后提示一下萧红,有"令夫人均此致候"和"吟女士均此不另"的字样,萧红觉得"夫人""女士"的称呼太"小布尔乔亚"了,对此表示抗议。"夫人""女士"如此典雅的名字却被人抗议,大概是鲁迅所不能预料的,但也从中感觉到了东北人的敦厚和单纯,与那些城府极深、处事老道的江南才子不同,这种近于孩子式的撒娇改变了两人之间拘谨的关系。鲁迅在回信里也开起玩笑:"悄女士在提出抗议,但叫我怎么写呢?悄婶子,悄姊姊,悄妹妹,悄侄女——都并不好,所以我想,还是夫人太太,或是女士先生罢。"

萧红这次抗议确实有了效果,鲁迅的回信再不只称刘先生,而是"刘、悄两位先生"并排称呼,以示平等,看来先生潜意识里的"不平等"观念时常冒出来啊。

萧红近于幼稚的天真和坦率感染了先生,鲁迅也从严肃的师长变成亲切随和的慈父,还不忘提醒他们在上海应如何为人处事,"稚气的话,说说并不要紧,稚气能找到真朋友,但也能上人家的当,受害。上海实在不是好地方,固然不必把人们看成虎狼,但也切不可一下子就推心置腹。"

是鲁迅吃尽了推心置腹的苦头?还是觉得二萧一个生性鲁莽,一个天真单纯,从愚昧的穷乡僻壤来到充满狡诈的大都市是身犯险境?他不但信里嘱咐还专门让叶紫照顾这两位新来乍到的青年作家,做二萧的"向导"和"监护人"。萧军还真被叶紫开玩笑说成是"阿木林"(上海话"傻瓜"),后来他们成了很好的朋友。

经过多番了解,确定二人不是什么危险分子,鲁迅决定与二萧见面,这可是二萧值得纪念的重大日子——1934年11月30日。鲁迅先到,坐在内山书店一个小套间的桌旁,边翻检桌上的一些书刊,边与旁边的内山老板闲谈。过了一会儿,二萧进来了,那身异地打扮让鲁迅一眼就认出来了,径直走到萧军面前问道:"是刘先生吗?"鲁迅带他们走进一家他经常光顾的咖啡馆,很快有外国侍者过来招呼,他们拣了一个比较安静的角落坐定,这时候,许广平和周海婴也来了,鲁迅忙起身介绍。

这次会晤双方都留下了很深的印象,据许广平《忆萧红》中写道:"不相衬的过早的白发衬着年轻的面庞,不用说就想到其中一定还有许多曲折的生的旅程。"萧红给人的第一印象便是红颜白发的鲜明对照,她的白发仿佛是一个过早地尝受了太多苦难的标志。

萧军讲述哈尔滨和青岛的一些情况,鲁迅谈了一些上海左翼的情况,听到愤怒处,萧军又发挥了他"拼命三郎"的哲学。鲁迅笑着说:"上海的作家们,只能拿笔写,不会用枪。"鲁迅先生的笔比枪有威力,所以他只消笑吟吟地坐着,但二萧就不能镇定自若了,他们的生活已经捉襟见肘。

临别,鲁迅把一个信封放在桌上,是先前信中二萧向先生告借的20元钱。这件事一直让他们耿耿于怀,两个年轻力壮的人还要向已经54岁的苍老而病弱的老辈借钱,愧疚又心酸。手里拿了这钱感觉到汗津津的,他们自己心虚还以为是先生的血汗沾湿的,回信满纸上表达着不安,先生笑着安慰道:"因出版界上的资格的关系,稿费总比青年作家来得容易,里面并没有青年作家的稿费那样的汗水的——用用毫不要紧。而且这些小事,万不可放在心上,否则,人就容易神经衰弱,陷入忧郁了。"

用用毫不要紧,但也不能总是用吧,先生开始为他们做长久打算。为了把这两个文学新人介绍给圈内朋友,鲁迅还特地借为胡风初生子做满月为名摆宴。当晚在豫菜馆,除鲁迅一家三口外,还有茅盾、叶紫、聂绀弩等九人。聊谈之中,二萧再也不孤独了,除了保护人叶紫外,还跟聂绀弩、胡风夫妇(胡风夫妇此次未能出席)成了终身的朋友。在一个"介绍制"的投稿圈子里,没有名气的作家是很难投稿给大型文学杂志的,有了鲁迅帮忙介绍,二萧的小说相继在稿酬丰厚的《文学》月刊上发表,二萧初到上海靠卖文为生的梦想才得以保全。据萧军后来推测,鲁迅大概在介绍他们的文章时"陪"上了一篇他自己的"人情稿"。

师父领进门，修行在个人。人们多重视个人，却时常忽略了师父的作用，虽然只是轻轻一点却有点石成金的功用，不然再努力也不能得其门而入了。卡夫卡的小说《法的门前》里那个乡下人不就是坐在门口等了一生一世嘛，那看门人最后一语道出：其实"其他任何人都不允许从这里进去，因为此门只为你一人所开。"事情原来如此简单，他却只能抱恨终生了。

乡下人二萧却不必站在门外傻等。叶紫、萧军等人在鲁迅的支持下创办"奴隶丛书"，叶紫的《丰收》和萧军的《八月的乡村》作为其中两部自费出版。小说刚一出版就引起十分强烈的反响，难免是因为鲁迅作序的缘故，鲁迅还先后数次写信向萧军索要样书分寄给许多外国朋友和身边友人，希望译成其他语言。而萧红在青岛时就寄给鲁迅的《麦场》一直没有消息（《麦场》由生活书店送呈国民党中央宣传部书报检查委员会半年之后，终未获得出版许可。书稿退回，鲁迅又介绍到《文学》杂志社希望连载，不久还是被退回来了，他又转交给胡风，让他拿到《妇女生活》试试，仍旧是退稿），萧红很受打击，最后也决定仿效叶紫、萧军以"奴隶社"的名义自费出版。《麦场》即后来被人们所真正认识了萧红的《生死场》，这充满文化底蕴的名字还是胡风给取的，这本书仍旧请鲁迅作序，他给予这篇小说相当高的评价，在序言中写道："叙事和写景，胜于人物的描写，然而北方人民的对于生的坚强，对于死的挣扎，却往往力透纸背；女性作者的细致的观察和越轨的笔致，又增加了不少明丽和新鲜。"

胡风也为这篇小说写了后记，他在后记中说："在这里我们看到了女性的纤细的感觉,也看到了非女性的雄迈的胸境。"他也指出小说的缺点:"全篇现得的是一些散漫的素描……在人物的描写里面,一个人物的性格都不大凸出……语句法太特别了,有的是由于作者所要表现的新鲜的意境,有的是由于被采用的方言,但多数却只是因为对于修辞的锤炼不够。"

鲁迅与胡风都认为萧红刻画人物不够鲜活,这种观点已经先入为主地影响了后人对萧红笔下的人物的判断。萧红后来与聂绀弩谈论小说创作时,她认为小说各有各的写法;聂绀弩也说,她的人物就是群像素描,是萧红特有的表现方式而已。

《生死场》是萧红第一个较为成熟的中篇小说。在当时的时代背景下,有为红色革命服务的"左翼"文学,有与之相对的为国民政府服务的伪文学;有沈雁冰、周作人等人提出的"为人生而文学"的主张,有以张恨水为代表的"鸳鸯蝴蝶派"提出的为消遣而文学的主张。萧红后来在武汉、重庆期间的作品多是"左翼"文学,没有突出的特色,而她最成功的却是"为人生而文学"的作品,包括这篇《生死场》,还有后期的《呼兰河传》《马伯乐》《小城三月》。

《生死场》奠定了萧红以散文笔法写小说的风格,从一个场景换到另一个场景,电影蒙太奇般的手法充满新奇,其"越轨的笔致"显得从容不迫。正如许广平所说,《生死场》的出版,"给上海文坛一个不小的新奇与惊动,因为是那么雄厚和坚定,是血淋淋的现实缩影。而手法的生动,《生死场》似乎比《八月的乡村》更觉得成熟些,每逢和朋友谈起,总听到鲁迅先生的推荐,认为在写作前途上看起来,萧红先生是更有希望的。"

对于二萧的创作,不单是鲁迅与许广平认为萧红胜过萧军,胡风也认为萧军可能比萧红写得深刻,但没有萧红写得动人,其根源在于萧军是靠刻苦达到一定的艺术高度,萧红则凭着个人感受和天分在创作。"一向非常骄傲专横的萧军"也完全承认这种说法,每当有友人谈到他在创作上不及萧红时,他便常常不好意思地笑着说:"我也是重视她的创作才能的,但她可少不了我的帮助。"

在熟悉的圈子里,最好不要拿人作高低的比较,尤其是夫妻之间,要么使一方自卑(萧红),要么使一方因自卑而反驳(萧军)。虽然表面上只是不好意思地笑笑,但这样的评价让萧军简直如鲠在喉。且看萧军是怎么帮助萧红的呢?

胡风带妻子梅志来看望二萧,进门见萧红正吃力擦着地板,胡风便问萧军在哪儿,萧红说:"人家一早到法国公园看书用功去了,等回来,你看吧,一定怪我不看书。"他们正聊得投机,萧军回来了,一脸的容光焕发,跟胡风夫妇打过招呼后,果然谴责起萧红来:"你就是不用功,不肯多读点书,你看我,一早晨读了大半本。"萧红反驳他说:"你还好意思说,你一早到公园用功,我可得擦地板。"萧军自知理亏,哈哈大笑——怪不得有人说萧军把萧红当"老妈子"使唤,不过她当得还挺乐的,见萧军自己堵自己的嘴,她也忍不住被逗乐了,两人颇有生气的生活让胡风、梅志很受感染,也跟着笑起来。

还是鲁迅先生的帮助更科学、实用——两个人互相鼓励又暗中较劲,见萧军如此勤奋,一向争强好胜的萧红不甘人后。这段时间，萧红写不出文章来，就写信给鲁迅，说自己现在很懒，什么都写不了，都胖成蝈蝈了，要求先生鞭打她。鲁迅复信说："我不想用鞭子去打吟太太，文章是打不出来的，从前的塾师，学生背不出书就打手心，但愈打愈背不出，我以为还是不要催好。如果胖得像蝈蝈了，那就会有蝈蝈样的文章……我看你们现在这种焦躁的心情，不可使它发展起来，最好是常到外面去走走。看看社会的情形，以及各种人们的脸。"字里行间都透露着先生的谆谆教导，磨刀不误砍柴功，他知道她总是关在屋子里冥思苦想是不行的，要多看看外面的世界，才有启发，有可能一句话、一个场景就是一篇文章的契机。

鲁迅还介绍她认识了史沫特莱等一些外国朋友，萧红的作品经史沫特莱介绍被翻译成外文。例如《马房之夜》被翻译成日文，1937年发表在《文艺》杂志上，1941年又被斯诺前妻海伦·福斯特翻译成英语，发表在《亚细亚》月刊上。这也是较早介绍给外国读者的中国现代文学作品之一。

萧红步入上海文坛，且造成震撼的效果，这一切都离不开鲁迅的帮助。当时向鲁迅"问计"的青年学生不少，轻易不捧人的鲁迅为何单对萧红青睐有加？

一是因为萧红特有的写作天赋，是其他只靠刻苦努力的青年作家所不具备的，她的小说是天然而成没有斧凿痕迹的，鲁迅说萧红"是我们女作家中最有希望的一位，她很可能取丁玲的地位而代之，就像丁玲取代冰心一样"。丁玲的写作自《莎菲女士的日记》之后已经沦为功利的左翼文学套路，冰心《寄小读者》等儿童作品却因有成人的圆熟而显得矫饰，萧红虽不写儿童文学，但以儿童视角所看到的世界充满童趣，活泼、俏皮、率性、纯粹，这是萧红所特有的秉赋。

再是萧红的创作与鲁迅在某种意义上有很大的相似性，包括对童年的回忆，对故乡人物和文化风俗的描述。鲁迅写国民的愚昧，而萧红也说："……作家是属于人类的。现在或是过去，作家的写作的出发点是对着人类的愚昧。"鲁迅关注社会人民疾苦，"怒其不争，哀其不幸"，萧红的小说也有着这种强烈的社会批判和人文关怀，他们都能够敏感地看到国民的劣根性，所以萧红对于人类麻木的生活的书写深得鲁迅认可，他认为她的小说达到了"力透纸背"的效果。作家孙犁说：萧红"吸取的一直是鲁门的乳汁"，她中学时代就特别喜欢看鲁迅的书，对《野草》中许多篇章和名句都能背诵。

三是鲁迅与萧红是心灵上的朋友，他特别懂得她的作品和其人，他是她的知音。而鲁迅又何尝不觉得萧红是自己的知己呢？萧红对鲁迅作品的把握和人格精神的理解也比其他人来得更深刻，例如临汾一席谈话中，聂绀弩认为萧红对鲁迅作品的评价最为恰当、中肯，超过了一切评论家，她的《回忆鲁迅先生》更是所有回忆文章中最好的一篇。他们之间是有知己之情的。

沉浸于慈父般的爱

有一次萧红回到北京与好友李洁吾聊天时，李洁吾说：

"鲁迅先生对你真像是慈父。"萧红听了,立刻纠正说:"不对!应当说像祖父一样……"父亲是严厉的,无情的,只有祖父是慈爱的,是最疼爱萧红的人。把鲁迅比作祖父,可见萧红对先生的亲近和爱戴,他已经成了她的亲人。

只有在亲人面前才可以撒娇,她好久没有体味过这种亲情,所以又回到孩子的心性,像那个在后园里把玫瑰花戴到祖

1936年春摄于上海鲁迅寓所前。

二萧之间的情感危机赶走了萧红因《生死场》成名的喜悦,她内心的伤痛无法排遣,茫茫大上海,鲁迅家是她唯一的去处。

父草帽上的小女孩一样，在鲁迅面前撒起娇来。

叶紫家境贫寒，嘴馋了，就跟二萧商量再让鲁迅请一次客，萧军坚决反对，萧红却觉得这个主意不错，就亲自写信给鲁迅，还说若是先生怕费钱，吃得差一点也没关系。她早知道鲁迅会迁就她，倒比拘谨的萧军跟先生走得更近了。萧军是一个格外尊重权威的人，所以他对鲁迅怀有敬畏，是隔了一层的；而萧红天真率直，容易与人交心，也仗着自己比鲁迅小，就时常在先生面前露出小女人的娇纵来（据说男人对于仰慕自己的女人，但凡不是太反感都会善待）。鲁迅对萧红的纵容更多是像对一个孩子，所以萧红也有点顺着杆子往上爬的意思，然后就这样一路顺风顺水地爬上去了。

鲁迅回信说："要请就要吃得好，否则，不如不请。"

后来，鲁迅与许广平还经常邀请二萧到自己家里吃饭，速成小菜，边吃边聊，谈笑间越加亲密起来。鲁迅比较偏爱北方食物，萧红不时带些黑面包和俄国香肠给先生品尝。许广平回想起萧红来家里做美食的情形，还感叹过："如果有一个安定的，相当合式的家庭，使萧红先生主持家政，我相信她会弄得很体贴的。"可见，萧红并不是萧军口中的"不适合做妻子"。她们一起包饺子，烙荷叶饼，做韭菜合子，鲁迅非常喜欢吃，尤其一直念念不忘萧红做的葱油饼。

饭后接着闲谈，怕刚刚伤风病愈的先生身体虚弱，萧红提议他可以到藤椅上去休息，鲁迅还是坚持在饭桌前，与大家围坐在一起。谈兴很高，一直到 11 点下起雨来，萧红几次起身欲辞，但都被鲁、许挽留着。萧红从鲁迅对与人聊谈的渴望看到他内心极大的孤独，有人说："只有那些能勘透你内心秘密的人，才能击碎你所有的防线，开放你紧闭的城池，让他进来，驻守在心田。"萧红看到了先生心中的秘密，看到了他的孤独，她在《回忆鲁迅先生》一文中婉曲地表达了自己与先生之间微妙的交流。

没有人能够习惯孤独，就算鲁迅这样的一代文豪——就像他经常喜欢用的词汇：大孤独，大悲哀，大欢喜，越是站在高处的人的感情越是深沉复杂，曲高和寡。据许广平回忆，鲁迅晚年常夜不能寐，独自走上阳台，和衣躺在冰冷的水泥地上，而年幼的海婴夜里起床拉尿，看见爸爸睡在阳台地上，便也不声不响躺在他身边。有着文人的敏感和脆弱的鲁迅需要心灵的抚慰，需要精神交流，但是有很多话他不能同许广平说，一是怕爱人担心，二是他们离得太近了，有些话反而不好说，且许广平是贤妻良母式的女人，琐碎的家务已经让她无法分身，鲁迅的痛苦就只能压抑于心底了。萧红硬闯乱撞的无拘谨恰似误入了藕花深处，使鲁迅幽闭的心房开了一扇朝外的窗。

与相投者聊天确实是人生一大乐事。有一晚，二萧与另一个朋友坐在鲁迅家里闲谈，先生举着象牙烟嘴听着他们的聊谈陷于沉思，样子安然而悠闲，这是平常难见的神情，许广平见状不愿意扫了先生的兴致，就对二萧说："反正已12点，电车也没有了，那么再坐一会吧。"她与鲁迅总是一留再留，直到凌晨1点，萧红萧军二人才离开。鲁迅嘱咐许广平把他们送到弄堂大门外，付钱让他们坐小汽车回法租界。

据说鲁迅喜欢记账，经济算得很细——也是从小就跑当铺，后来作为家中长子又要养家的生活艰辛形成的习惯吧——对朋友却大方，不但经常请客，还请看电影，甚至连出租车费也帮付了，真是周到到家了。

一日，二萧在鲁迅家里吃过饭后，周建人夫妇携女儿来访，恰巧李小峰夫人送来200元版税，鲁迅看着大额进项非常愉快，要请大家去丽都影院看电影。他先叫了一辆小汽车，让萧红、许广平、周建人夫人及两个小孩坐上车先走，自己和周建人、萧军在后面边走边聊。回来时，又叫车先把周建人一家送走，他们则在路边等电车。被鲁迅请了几次客，二萧觉得过意不去，有一次去电影院，萧红走在前面，想抢在头里去买票，被许广平看出来，眼看抢不上，萧军只能直接说了："老作家请十次，青年作家也得请一次了。"鲁迅反驳道："等老作家把十次客请完了，青年作家再来请吧。"结果二萧又没请成。

看来左翼作家和自由作家就是不同，张爱玲和炎樱经常为由谁来付车费而笑闹着斤斤计较。张爱玲就说她爱钱（虽然她几年连美元和人民币的兑换率都没搞清楚），三毛也是在数目面前一阵阵的欣喜，亦舒更是"如果有人用钞票扔你，跪下来，一张张拾起，不要紧，与你温饱有关的时候，一点点自尊不算什么"。自古文人最讨厌提"钱"这个字眼，然而鲁迅也说："钱，高雅的说罢，就是经济，是最要紧的了。自由固不是钱所能买到的，但能够为钱而卖掉。人类有一个大缺点，就是常常要饥饿。为补救这缺点起见，为准备不做傀儡起见，在目下的社会里，经济权就见得最要紧了。"鲁迅是明智的，他知道钱的价值——可以换取自由，也把这价值分给他所关爱的人，如此看来，这确实成了鲁迅先生那一贯为青年人争取自由的具体体现了。

1936年5月，鲁迅大病一场，在须藤医生的治疗下时好时坏。一天，他觉得好些了，正坐在躺椅上抽烟，萧红穿着一件袖子宽大、款式新奇的大红上衣来到书房，期待着先生对她这件新衣评价一番。因为许广平来回走了好几次，忙着做家务没顾得上对其鉴赏，可是鲁迅也好像视而不见，萧红终于忍不住了，主动开口问："周先生，我的衣裳漂亮吗？"先生这才上下打量了一番，脱口而出的是"不大漂亮"，并接着说："你的裙子配的颜色不对，并不是红上衣不好看，各种颜色都是好看的，红上衣要配红裙子，不然就是黑裙子，咖啡色就不行了；这两种颜色放在一起很浑浊。"鲁迅一向不大注意别人的穿着，这次却与萧红讨论起着装来，还是第一次。接着还批评萧红曾经穿过的一双短筒靴子。萧红嗔怪道："我穿了很久，你不告诉我，现在不穿了，你又想起来了。"鲁迅说："你不穿我才说的，你穿的时候，我一说你该不穿了。"原来以为先生是严肃的，"目不斜视"，其实他早就注意到你了，连靴子的式样都记得这么清楚。可见萧红在他眼中是实实在在的人，不是像一抹精神一样虚幻到可以视而不见的。

让很多人津津乐道的还有一件事，就是当天下午，萧红要赴一个宴会，请许广平找一点布条或绸带束一束头发。许拿出各种颜色的布条，两人一起挑选，她们最终决定选用米色的，高贵而典雅。这时许广平却故意把一根桃红色的布条放在萧红的头发上，开心地问："好看吧！多漂亮！"鲁迅看后眼皮往下一放（据许说鲁迅在课堂上一生气就用眼睛往下一掠），一脸严肃地说："不要那样装饰她……"本来只是想开个玩笑，没想到却受到先生这么严厉地训斥，许广平有些发窘，萧红也觉得鲁迅此时很威严，像受到大人管教的孩子一样安静下来。稍稍越轨的游戏举动竟然引来先生这么大的怒气，是两个女人没有料到的。桃红色一直被视为轻薄的颜色，这样装饰的女子大多轻浮、轻佻，可见，萧红在鲁迅心目中绝对与这样的女子沾不上边的，而且他如其长辈一样爱护着她，不让她沾上边。

萧红为了岔开话题，就问起鲁迅先生怎么如此了解女人穿衣服，鲁迅回答："看过书的，关于美学的。"萧红又孩子气地问下去，什么时候看的啊？是买的吗？有趣味吗？周先生看这些书做什么？这最后一个问题真难住了鲁迅，幸亏许广平在一旁解围说："周先生什么书都看的。"萧红坦白得令鲁迅有些小小的尴尬，然而这个永远长不大的孩子更让他有一种纯粹的快乐。想当初，鲁迅其实很怠慢萧红，她既不漂亮，也看不出有什么才华，不过是一个很普通的女人罢了，但是她有着年轻女子的天真活泼（尤其是海婴也比较喜欢萧红，鲁迅说大概是因为她有辫子的缘故。梳着两个辫子更像孩子，所以作为孩子的海婴像是找到了同类），这种孩子气的性格让鲁迅有一种放松的感觉，在他沉闷的生活里添加了一些亮丽的情调。

天空变得阴沉沉

然而好景不长，二萧齐名又同出同入的日子结束了。萧红因萧军的移情而苦恼、失望、哀怨着，鲁迅的家就成了她唯一的心灵休憩处。但是，鲁迅自5月以来一直在大病中，已不能见客，尽管如此萧红仍旧一趟趟来鲁宅，因为她实在无处可去，只盼望着先生好起来，就可以像以前一样躲到先生宽厚慈祥的庇护里去，用尽情的聊谈覆盖感情上的失落。

只有许广平抽出时间来陪她在客厅长谈，她强烈克制着自己内心的失落，但许广平还是从她的脸上看到深切的哀愁，她不主动说，许广平也不好多打听别人的私生活。而萧红像不愿意谈及自己的身世一样不愿意把她的苦恼说出来——她的自尊不允许——所以只能欲哭无泪，且没有痛哭的处所。

许广平一边在客厅里跟她交谈，一边又记挂着鲁迅，所以常常谈着谈着不知道谈到哪里了。有一次，胡风悄悄从后门上楼去了，许广平把梅志引到大厅，说："萧红在那里，我要海婴陪她玩，你们就一起谈谈吧。"现在，萧红已经成了许广平的一个包袱，竟然用这种没办法的办法——让海婴陪着她了。梅志见萧红"形容憔悴，脸都拉长了，颜色也苍白得发青"。萧红对梅志很冷淡，似乎有些心不在焉。据梅志回忆，对萧红的不断来访，许广平说："萧红又在前厅……她天天来，一坐就是半天，我哪来时间陪她，只好叫海婴去陪她，我知道，她也苦恼得很……她痛苦，她寂寞，没地方去就跑这儿来，我能向她表示不高兴、不欢迎吗？唉！真没办法。"许广平在《追忆萧红》中提到过，1936年夏天，她陪萧红在客厅聊了大半天后，上楼才发现忘了给午睡的先生关窗户，那天风很大，所有的窗户都没关，结果导致先生受凉，刚刚好一点又病了一场。但许广平没将病因说出，怕引起萧红的不安。许广平曾感叹："从这里看到一个人生活的失调，直接马上会影响到周围朋友的生活也失了步骤，社会上的人就是如此关连着。"

忽然想起《一封西夏朝的来信》，"我"对朋友不抱什么希望，也希望朋友不对"我"抱希望，在这个忙碌的复杂的世界里，我们没有义务永无休止地去关心、照顾朋友。

不是说这个世界有多么冰冷，而是说每个人都有自己的小单元，自顾不暇，神经质的人喜欢把别人拉进来，以解脱自己，除此之外，别无他法来自救。唯一可以倾心谈天的女性好友白朗说萧红"是一个神经质的聪明人"。此时的萧红无心创作，大量的时间就在无边的哀怨、伤感中虚掷，荒废了自己，也打扰了周围朋友的生活。

直到7月，萧红在黄源的建议下决定去日本散散心。没想到这次离别竟是与鲁迅先生的永别。

对于萧红的烦恼，鲁迅是看在眼里的，他与许广平一样，对于别人的私生活，别人不说也不主动打听。这次萧红为摆脱目前的困境而东渡日本，先生为之颇感欣慰，鲁迅设宴为之饯行，许广平亲自下厨。好似一块大石头总算落了地，萧红无形中成了所有朋友的包袱。

有时候保持距离也是一种尊重。看着朋友心痛欲绝的样子，竟然能够坚持不闻不问，人心是不是太冷漠了？但是打听别人的私事又是不尊重。也许应该问，她正等着你问呢，那可怜巴巴的眼神，你若一问，她的痛便会倾泻，也许我们怕的不是不尊重，怕的是那倾泻在我们面前的痛苦，无法收拾，只会尴尬。既然无能为力，就让一切都在风平浪静的掩盖下自生自灭吧。

先生经历了无数世事变幻，已经学会了克制和节制，而萧红还是个孩子,所以他们之间仍旧有一种不平等。"我不问,你不说,这就是距离;我问了,你不说,这就是隔阂;我问了,你说了,这就是信任;你不说,我不问,这就是默契;我不问,你说了,这就是依赖。"萧红对他是信任、依赖,他对萧红是距离、隔阂,以一个长辈应有的姿态。他终究无法是她的祖父,萧红是彻底的孤独。朋友永远代替不了爱人,正如一个朋友说:"睿智如胡适,也不得不兴叹,智识上的共鸣,不能求之于夫妻,尚可希之于友朋。其实,这种希之于友朋的想法多么悲哀啊,爱情绝非友情所能置换的。那不过是一个自欺欺人的安慰罢了。"

鲁迅对萧红,只是一个终日沉溺于书稿已"知天命"的人忽然看到一个活泼的女孩子所产生的欣喜,而萧红对鲁迅,是仰慕、爱戴、依赖,她对鲁迅的感情要远远深于鲁迅对她的感情。

萧红一个人在日本打发着寂寥的日子,连日来的阴雨更是让人心情抑郁,有一天,她坐在一家饭馆吃早餐,望着窗外愁煞人的天气,仿佛被浸在寒冷的水气中,不经意间瞥见一张日文报纸上有"鲁迅的X"的标题,因为X字是日文,萧红看不懂,却忽然被一种不祥的预感紧紧攫住。她抓过报纸,反复地看,却看不懂到底讲了什么事,"逝世"的字眼不时出现——是谁逝世,到底是谁逝世了呢?

她不愿意相信是鲁迅先生,站起来匆匆往家里走,她拉开房东家的格门便往里进,却怎么也进不去,不由感觉气恼,房东见状大笑起来,"伞……伞……"她这才发现自己的伞还撑着。

进了屋,她就拿出字典查那个字,却怎么也查不到,近旁又没有一个可以请教的熟人,她不愿意往坏里想,前两天报纸上还说先生这段日子要到日本来访问、演讲,她为先生买了画册准备送给他的。

第二天她又去了那家小饭馆,在一份报纸的文艺版看见一篇文章里密集出现"逝世""殒星""损失"字样,萧红的内心真正感到不安起来,昨天努力排除掉的不祥之感再次变得真切。她急于找人确证信息,吃了一半的早餐也没心思再吃下去了,急匆匆地走在街上,心变得空洞、惶恐,茫然中,她想到曾经和许粤华住在一起,后来因病搬到市郊的那位同样来自中国的女士,迅速乘电车赶往市郊,朋友见萧红如此匆忙地赶来,有些吃惊,看着她坐立不宁,友人细心地查了字典,说"X"是"印象""面影"的意思,并猜测说那篇文章一定是有人到上海访问鲁迅之后,回来写的《鲁迅印象》之类的文章。

但她还是不太相信,不断说出连日来的担忧、揣测和焦虑。她甚至把自己仅懂的几个词"躺着""逝世""枪弹"联想成一幅电影画面:先生坐在躺椅上,中弹身亡。朋友耐心宽慰这个受了惊吓的孩子,说"逝世"是鲁迅在谈别人逝世,"枪弹"是先生在谈"一·二八"时的枪弹。朋友说她慌张得有点傻了,她倒希望真是自己傻了。

最终还是知道了鲁迅先生逝世的确切消息。

神社的庙会很热闹,日语课上,听讲的中国学生不时爆发出哄堂大笑,萧红说不出的心痛,看着那些人,好像他们都不知道鲁迅死了一样。萧红为鲁迅伤心,没有人懂得她的伤心,就像几年前她在北京车站上不知道那些东北子弟们为什么跳着闹着一样——"不知道他们的欢喜来自哪里"。现在，她也不知道他们为什么不伤心——鲁迅死了！日本教员让大家谈谈对鲁迅的看法。有的把鲁迅批评徐懋庸视为文人间闹意气，有的说鲁迅没什么了不起，他的文章就是一个骂，而且人格上也不好，尖酸刻薄。日本华人学会开鲁迅追悼会，班上四十多个中国人，去参加的只有一位小姐，回到教室大家都在笑她。这群身在异国的中国人对鲁迅的死居然如此冷漠，恰像鲁迅笔下麻木的"看客"。

她多想跪在先生床前，握住他那瘦削而没有温度的手，痛哭一场。无边的烦躁和伤痛让她越发没有安全感，她要萧军寄100元钱来，起码留足了回国的路费才踏实。

为了排遣悲伤，她把日程安排得满满的：酝酿新的长篇小说；去听郁达夫的演讲（人多得差点没把门框挤破）。然而，她对周围的一切都失了兴味，时常独自坐在窗前，面对悠长的静夜沉思前事，似在梦里，心境霎时变得苍老。10月23日，暗暗滴了一夜泪的萧红给萧军写信：

> ……可惜我的哭声不能和你们的哭声混在一道。现在他已经是离开我们五天了，不知现在他睡到哪里去了。虽然在三个月前向他告别的时候，他是坐在藤椅上，而且说："每到码头，就有验病的上来，不要怕，中国人就专会吓唬中国人，茶房就会说，验病的来啦！来啦！……"

这封信后来以《海外的悲悼》为题，发表在《中流》"纪念鲁迅先生专号"上。报社编辑按语说"好让她的哭声和我们的哭声混在一道"。

萧红还非常记挂许广平,在信中不断嘱咐萧军常约朋友去看望许先生,以排解她的悲伤。

> 可怕的是许女士的悲痛,想个法子,好好安慰着她,最好是使她不要静下来,多多地和她来往。过了这一个最难忍的痛苦的初期,以后总是比开头容易平伏下来。

1937年1月,萧红回国。3月,写了诗作《拜墓诗——为鲁迅先生》。

> 跟着别人的脚印,
> 我走进了墓地。
> 又跟着别人的脚印,
> 来到了你的墓边。
> 那天是个半阴的天气,
> 你死后我第一次来拜访你。
> 我就在墓边竖了一株小小的花草,
> 但并不是用以招吊你的亡灵,
> 只是说一声:"久违。"
> 我们踏着墓畔的小草,
> 听着附近石匠钻刻着墓石,
> 或是碑文的声音。那一刻,
> 胸中的肺叶跳跃起来,

> 我哭着你，
> 不是哭你，
> 而是哭着正义。你的死，
> 总觉得是带走了正义，
> 虽然正义并不能被带去。
> ……

在萧红的心目中，先生是正义的化身，她第一次来到墓前，"胸中的肺叶跳跃起来"，终于可以就近哭一次先生了。

萧红一生写诗不多。她的诗像她的散文一样都带着明显的自传性与抒情性，回国前夕，在东京写完组诗《沙粒》，由36首诗组成，像《苦杯》一样，也是写她本人的孤独与苦闷的心境。萧红把《苦杯》《沙粒》《拜墓诗》《可纪念的枫叶》《偶然想起》《春曲》《一粒土泥》等共60首诗，抄写成《萧红自集诗稿》手抄本珍藏起来。此手稿本原来存放在许广平先生手里，后由许广平转交给鲁迅博物馆，直到1980年，鲁迅博物馆才将它公布于世。

在所有纪念鲁迅的文章中，萧红的《回忆鲁迅先生》是最清新真切的，她撇开他的文章不论，而是写他生活中的小事情，如待客、写作、睡眠等。在萧红的笔下，他不仅是受人尊敬的师长，还是慈祥的父亲，体贴的丈夫，在别人眼中的伟人在萧红这里充满人情味。萧红经常出入鲁迅家，甚至与许广平一起包饺子，所以对他们一家的生活习惯甚是熟稔。她对鲁迅家的家具摆设也了然于胸，做了精细的刻画，如鲁迅先生的躺椅、桌布、铅笔、花瓶和万年青……她细腻地描绘了鲁迅的饮食爱好，衣着怪僻，喜欢夜里工作，还有他的病容；许广平的操劳，为着鲁迅先生的病的哭泣和掩饰；海婴的顽皮和搞不清状况的挨训……甚至描绘了年老保姆对鲁迅先生的爱护，以及日本医生须藤先生的面影。

萧红写鲁迅先生，没有任何矫饰和浮夸，没有大面积的空洞抒情，只将一些生活细节很自然地娓娓道来，完全是生活化的白描，没有一定的功底，这种白描写法是很难征服读者的。可见，萧红不仅熟悉这一家人，还对笔下的人物充满感情。

被扣的"爱情"之名

然而，有人却因此造谣，说鲁迅和萧红之间有暧昧关系，"她的《回忆鲁迅先生》是所有回忆鲁迅的文章中最感人的一篇，远比许广平的回忆文字写得好。说萧红的才华比许广平高，倒是其次，其实背后隐藏着更重要的原因：萧红比许广平更理解鲁迅、更深入鲁迅的内心——尽管许广平是鲁迅的妻子。"这种非常牵强的曲解是一击即破的，萧红是一名作家，许广平是家庭主妇，怎么可以以作品好坏去断定感情的深浅与种类呢？相对而言，萧红比许广平更加纤细与敏感，对鲁迅灵魂深处的变化有着异于常人的感知，这也是作为一名作家的禀赋。

睿智如鲁迅也能深深体味萧红内心的苦楚，他不但看到她的创作潜力还看到她的人生路上将少不了坎坷（在萧红去日本那段时间，她和萧军约好，为了不让先生病体再增加负担，谁也不写信给鲁迅），长时间没有萧红的消息，鲁迅是有些挂念的，他在给茅盾的信中说："萧红一去之后，并未给我一信，通知地址；近闻已将回沪，然亦不知其详，所以来意不能转达也。"鲁迅只是叙述一个事实，但这句话被传出很多意思来，有人置换成"经常念叨"：（萧红）怎么去了这么久也不见音讯？想念之情溢于言表；有人把鲁迅对萧红或将回沪的近况"亦不知其详"说成是鲁迅不知道萧红去了日本，由此延伸出：萧红去了日本其他朋友都知道，唯独瞒着鲁迅，这是因为鲁迅与萧红之间的关系被许广平发现且发怒了，所以萧红不得不走，在此期间也不好给鲁迅写信。其实萧红去日本怎么会瞒着鲁迅呢？鲁迅还为之饯行了呢。萧红之所以不写信，一是因为怕先生病中还要读信复信，二是自己的感情线球还一团芜杂没理清。

以鲁迅的个性不可能经常念叨，更不会在给其他文友的信中表示思念之情。说到挂念，不会一点没有，但鲁迅与萧红之间这种挂念和关心是"英雄"与"英雄"的惺惺相惜，是精神相似和相通的怜惜。但是在这个无聊的世界上，唯恐天下不乱者总是制造一些谈资来消遣自己和别人，他们无限放大一些局部和细节，穿凿附会，罗织"罪名"，在古人的情事里"反复咀嚼玩味他们无处搁存的暧昧"（这是一种亵渎）。

余杰就曾就"许广平用一根粉红丝带比在萧红头上，鲁迅的眼皮往下一放"这个细节解读出鲁迅曾悄悄喜欢萧红，而萧红也悄悄喜欢鲁迅,"他们之间,除了师生之情外,时常产生精神上和感情上的撞击"。余杰说:"这个细节很能够说明鲁迅心中复杂的感受,他想说漂亮而没有说,故意装出一副严肃的样子来。他想掩饰自己内心深处细微的波动,却更加明显地表露了出来。先生的心灵也有无比脆弱的时刻。"

余杰的理解多么好笑,在前面已经说过鲁迅不过是对轻佻妆扮的反感,对晚辈的维护。

还有萧红所写的《回忆鲁迅先生》中的一个细节也是人们津津乐道的:"在病中,鲁迅先生不看报,不看书,只是安静地躺着。但有一张小画是鲁迅先生放在床边上不断看着的。那张画,鲁迅先生未生病时,和许多画一道拿给大家看过的小得和纸烟包里抽出来的那画片差不多。那上边画着一个穿大长裙子飞散着头发的女人在大风里边跑,在她旁边的地面上还有小小的红玫瑰的花朵。记得是一张苏联某画家着色的木刻。鲁迅先生有很多画,为什么只选了这张放在枕边。许先生告诉我的,她也不知道鲁迅先生为什么常常看这小画。"

人们据此发问:为什么鲁迅先生临终时要守着这一幅画呢?是不是他把画里奔跑的女人当作了萧红呢?为什么许广平竟不了解其中的原因呢?有人说萧红其实是明白的,但她不会说出来。如果萧红真的是明白的,她就不会问许广平,她不是那种矫揉造作或阴险喜试探的女人。没有任何证据证明这幅小画与萧红之间的关联,这是最生硬的编排。

宋佳版电影《萧红》中,鲁迅为萧红的《生死场》写序,萧红来表达感谢,鲁迅竟反问"怎么谢",来暗示两人之间的暧昧,达成萧红与六个男人感情纠葛的充分消费。陈子善说:

"这句台词根本不可能是鲁迅先生说出来的,不知道从哪儿东编西凑过来的。有些细节是不可杜撰的,一杜撰就过了底线。"萧红研究会副会长章海宁也指出序稿是通过胡风捎给萧红,签名是萧红写信索要,两人根本就没有因此事见过面。这种虚构对话的用意是非常无聊的。

傅野在《民国情事》里说:"后来许广平在回忆录里不无醋意地说,不知道萧红每次来,她都想干些什么,就是不走。"这种臆测故意带上了暧昧的成分,"不无醋意""想干什么""就是不走"这些口气都是后人根据自己的想象添加上去的,其实许广平的抱怨是很正常的,那时候鲁迅先生病得厉害,她有很多事情要忙。

不由得猜测,鲁迅的"不问"是不是要避嫌?人心险恶,他早就知道了的。对萧红的内心感受,以鲁迅的敏感,是应该能够体察的。但他视萧红为晚辈,写作方面的事情可以指导,无所顾忌地交谈,但感情方面的事情却不好插嘴,且要避嫌。早在他与许广平热恋时,就曾在信中对许表明态度半开玩笑半认真地说:"学生倒多起来了,大概有许多是别科的。女生共五人。我决定目不邪视,而且将永远如此,直到离开厦门。"所以如今,鲁迅也不会对萧红多说什么。

更有人牵扯出鲁迅教学时与众多女学生之间的春心波动,刘和珍、许羡苏、苏雪林,甚至把韦素园(大概他们连韦素园是男是女都没弄清楚)也算上。

我们能从刘和珍那里读出鲁迅的最爱,并推断出许广平是刘的替代的这个"发现";并且,也能够从萧红那里看出鲁迅对她的温情，看出他们之间那隐秘而忧伤的一段人间感情。无疑，鲁迅是伟大的，但是，伟大的人也需感情和寄托，这无损鲁迅的伟大与光辉；因为先生虽是伟人，也是凡人啊！

　　许多读者评价：这样的分析丝丝入扣，合乎情理，更符合对一位才高气傲但却孤独无比的文人精神世界和感情世界的剖析和诠释；对一位才女的深邃的爱意，并不会损害先生的崇高，反而使其形象更加饱满真实可信。

　　——《鲁迅与萧红的隐秘恋情》 杂文家王若谷

　　种种的爱意当然不会损害先生的崇高，但我们想要的是事实而非妄加揣测，更非无中生有。恰恰王若谷这一段（从朱大可那篇"妖魔化鲁迅"的"淫者见淫"的文章受来的启发）妄加揣测的文字更加证明了鲁迅对刘和珍显然是"大爱"，对萧红是知己之爱，对许广平才是爱人之爱。

　　在阴险的世界中，鲁迅先生已经相当疲惫和厌倦，但对萧红这个没有心机的纯真的孩子是不用设防的，所以鲁迅才喜欢与萧红聊天。王若谷就此说"为了和萧红聊天，鲁迅是宁可不休息的，以至于加重了病情。可见鲁迅对她是很看重并且有意思的"。可见王先生不懂得"有朋自远方来，不亦乐乎"的古训，不懂得作为大文豪如鲁迅先生这类人的孤独。

　　鲁迅不是徐志摩和郁达夫，他的感情不容易点燃和爆发，他早就说过："异性，我是爱的，但我一向不敢，因为我自己明白各种缺点，深怕辱没了对手！"如果不是许广平的狂追死缠，他也不会有第二次婚姻，在感情上，他是自卑且被动的，所以不会给萧红机会，况且，有许广平在那里，萧红也不会主动，所以两人的感情没有开始的可能性。但是假若鲁迅给她机会，萧红应该不会拒绝，她是一个对感情没有抵抗力的女人，就像王安忆评价卡佛对于题材的敏感，"给他一点点微妙的诱惑，就会很兴奋地被接受，激起很多的诠释"。萧红对感情的敏感也是如此。何况这时候与萧军时常发生矛盾，她的内心已经到达忍耐的极点。此时，对萧红而言，爱情就像搭载生命的船，能搭就搭。

若不能，她也不会自讨没趣。

所以，鲁迅与萧红没有任何暧昧不清，他们是纯净且纯粹的心灵的朋友，也许，男女之间的情谊唯其如此才能维持一生吧。

第4章 萧红与端木蕻良

（萧红语）"你知道吗？我是个女性。女性的天空是低的，羽翼是稀薄的，而身边的累赘又是笨重的！而且多么讨厌呵，女性有着过多的自我牺牲精神。……不错，我要飞，但同时觉得……我会掉下来。"

——摘自聂绀弩《在西安》

1938年,萧红与端木蕻良摄于西安。

1938年2月下旬,萧红与萧军在临汾心照不宣地分手后,抵达西安。此时萧红怀着萧军的孩子,而与端木蕻良的恋情渐趋明朗。

一个温柔且善良的人

众里寻他千百度，蓦然回首，那人却在灯火阑珊处：长发半遮着秀气的脸，似乎要遮住那苍白、憔悴的面容，微微驼起的背更带出一种疲弱不堪，他只站在那里，沉静而内敛，仿佛要将自己隐匿在人群中，可是，一双"拔佳"长筒马靴，一套"一字肩"西装已经让端木蕻良在这群穿布鞋、草鞋的落拓不羁的左翼文人中显得卓尔不群。

这是 1937 年 8 月，胡风出面邀请萧红、萧军、曹白、艾青、端木蕻良等作家商议筹办一个刊物。二萧初次与端木蕻良见面，因为都是东北人，三人很快便聊到了一起，萧红听说端木已到上海一年多了，惊奇地问："我们怎么没听老胡说起过你呢？要不我们早该认识了。"大有些相见恨晚之感的萧红不由得怪胡风"单线领导"，把作家当成"私产"，文雅腼腆且还没有什么名气的端木面对萧红的大惊小怪只是笑了笑，没说什么。

筹备会上，胡风提议刊物叫《抗战文艺》。萧红觉得这个名字太一般，提议不如叫"七月"，以"七七事变"作抗战文艺的开始，含蓄且带一点诗意。端木也非常赞同这个名字，他一开口，嘶哑的嗓音便暴露着羞涩的天性，他的想法却偏偏与萧红凑巧相近，两人会心一笑。由此，《七月》正式创刊。以后在《七月》的见面会中，端木与萧红也常常聊到一块儿去，他们的观点也总是相似或相同。

这种会心的懂得实在难得，与此类人聊天如沐春风。可是没多久，上海时局恶化，一些同人纷纷撤离，《七月》文友也如云四散。

10月，萧红与萧军跟随上海的文化人撤退到武汉，在"华佗号"上遇见昔日《国际协报》同事于浣非，他现在已经是船上的检疫员。恰巧诗人蒋锡金经常在"华佗号"上借宿过夜，于浣非介绍二萧与蒋锡金认识。于浣非告诉蒋锡金，二萧正在找房子，可否去锡金家里住。锡金应允，领二萧住进武昌水陆前街小金龙巷21号自己的家里。二萧住卧室，他则搬出来住在书房。

三人相处甚是融洽，萧红在家里做饭，见锡金外面的包饭吃不好，就劝他在家里一起吃，有时候她给萧军洗衣服，顺便也把蒋锡金的衣服洗了。锡金不在家时居多，二萧就各占一间，写作互不相扰。有时半夜里萧军写《第三代》懒得起来去开门，就让萧红去给锡金开门，她常常捎带悄声骂蒋锡金一句："你这个夜游神！"萧红做饭洗衣服之外，开始抽空写《呼兰河传》，把写成的部分给锡金看。长长的抒情，迟迟不见人物出场，锡金有些纳闷她到底要写成什么样的小说，但是还是非常喜欢这种悲凉细腻的味道，说她写得好。

这期间，萧红写作不多，只为《七月》写了《小生命和战士》《火线外》《一九二九年底愚昧》等几篇散文，且质量都不高，从标题即可以看出都是一些迎合抗战的应景之作——直到1938年底，二萧与端木三人都没有写出些东西。葛浩文说他们的三角恋爱情势对创作非常不利，"每人充其量不过写了几篇'报告'文章，而那些也不过是阐述作家责任之类的文章。"——你以为有些人在你的生命里只是蜻蜓点水，荡起几圈波纹就消失了，留下一抹淡淡的记忆在岁月中或沉淀或稀释，却没想到，他还会回来，而且毫无防备地进入你的生命。

10月16日，胡风又组织人将《七月》在武汉复刊，胡风、萧军分别给回浙江三哥家养病的端木去信，催他马上动身来武汉，说上海的老朋友们都在，就等他了。因风湿病住在三哥家的端木看到这信更是待不住了，不听三哥劝阻，立刻乘次日火车到了武汉。

端木进屋后从细瘦的手上脱下棕色的鹿皮手套，笑着对萧红说："我的手套还不错吧？"萧红接过手套试着戴在自己的手上，"哎呀，端木的手真细呀，他的手套我戴正合适哩。"看着两人所施的"见面礼"，坐在木椅上的萧军也只是坦直地一笑，他不知道自己催端木前来的那封用文言文写就的热情洋溢的信所埋下的隐患。

端木想搬到小金龙巷与二萧同住，又不好意思说，二萧就同锡金说了。锡金听后也表示同意，他们向邻居借了一张竹床，让端木睡在书房里。

四人生活在一起，小院里变得热闹起来。晚饭后，他们常常唱歌跳舞，萧军会唱京戏、评戏，有时候和萧红一起跳却尔斯顿，学大神跳萨满舞，引得同宅院的孩子们扒着窗户看热闹。四人常在一起开玩笑、抬杠。谈论中外古典名著和一些文艺问题，有时也讨论时事，分析战局。还异想天开地要开餐馆，锡金分工说让萧军干重活，萧红下灶，他和端木跑堂。这还是由萧红的"大菜汤"引发的，这道汤让几个人吃得特别起劲，其实就是一种俄国菜汤：白菜、土豆、番茄、青椒、厚片牛肉大锅煮，相当于上海的"罗宋汤"，易做好吃，且营养丰富。

在战争中能过这样安稳、温馨的日子很是难得，此时萧军身边没有别的诱惑，再加上锡金、端木更是排除了寂寞，不像两个人的时候——现在再有争论，萧红已经有了帮手。

有一天，他们谈起什么样的文学最伟大，萧军故作挑衅，说长篇小说最伟大，中篇次之，短篇更次之，至于诗歌，更不足道。进而联想到在座几位的创作，他说自己正在连载的长篇小说《第三代》被评论家赞誉为"庄严的史诗"，最伟大，端木计划重写毁于"八一三"炮火中的《科尔沁旗草原》，要等写出来后再看，萧红虽也在写长篇，但她"没有那个气魄"，而锡金写诗，一行一行的，更不像什么，他伸出小指头，"你是这个！"（萧军真是自大狂，不过有时候也自大得可爱。）

锡金自然知道他故意逗他，不理他。萧红和端木却和他争辩起来。萧红搬出很多道理反驳他，端木则绕着弯地称赞萧红的作品"有气魄"，后来锡金在一旁忍不住也参与进来，吵吵闹闹地像在吵架。恰在这时胡风来了，问明原委后觉得有意思，就让他们把这些想法写出来，要发在《七月》上。三天之后，只有萧军交了稿，大家一看，又笑又骂，萧红更是气坏了，"你好啊，真不要脸，把我们驳斥你的话都写成了你的意见！"挥拳头就捶他的后背。萧军大模大样地说："你怎么骂人,再骂我揍你!"然而自知理亏,弯脸笑着让她打了几下,并说:"要打就打几下,我不还手,还手怕你受不了。"

据说此时萧红竟是涕泗滂沱的,难怪在萧军眼里她永远"不成熟",他只觉得她认真生气的样子"好玩",并没有在乎她敏感的自尊。他喜欢在朋友面前揭她的短,也是为了看她"好玩"的样子吧。但现在不一样了,一直处于弱势的萧红,有了援手了。每每二萧发生争执,端木多站在萧红的立场上,这让她有了一种凭借和力量。在这个男性霸权的社会里,她终于遇到了一个欣赏自己、支持自己的男人。

骆宾基说:"不只是尊敬她,而且大胆地赞美她的作品超过了萧军的成就。"发自真心,也不排除示好,她对端木对她的夸赞有保留,但还是喜欢听。女人的心动总是从赞美开始。

萧军和端木的争吵变得多起来,一个自比托尔斯泰,一个自诩巴尔扎克(原来是两个自大狂),一个认为对方的自然景色描写哪像托尔斯泰,另一个则讥笑对方的人物一点也没巴尔扎克味儿。两人争执之余又互相讨论,别人插不上嘴,也没有人愿意插嘴(狂到没人愿意理,大概别人都觉得这俩人特没趣儿吧),最后萧红说:"你们两位大师,可以休息休息了,大师还是要吃饭的,我们到哪儿去呀?回家?还是过江去?"两人立马停止争吵,计划下一步的行程,他们经常去黄鹤楼、蛇山等地游玩。这时期的萧红也变得活泼多了,端木的存在让她从附庸地位站到了中心位置,在男女群居的社会关系中,不是遵从"少数服从多数"的规律,而是"物以稀为贵"。

贬而低,宠而娇。此时,萧红的女性意识也在逐渐加强,尤其是当她读了女作家史沫特莱的《大地的女儿》和丽丝琳克的《动乱时代》,书中女性的自主意识引起她的共鸣和震撼。但是,萧军和端木对这两本书的态度就很让她失望,萧军翻了翻《大地的女儿》说:"这就是你们女人的书吗?不好,不好。"端木看着封面笑得不亦乐乎:"《大地的女儿》就这样,不穿衣裳,看唉!看唉!"萧红不愿意听这种论调,转身一个人悄悄出去买菜了。后来她还写了关于这两本书的评论:《〈大地的女儿〉与〈动乱时代〉》——她一生中唯一的一篇评论文章。据梅志说她也没有做出深刻的评价,显然萧红更适合写散文而不擅长写评论文章。不过这对于她自己却是一个好的反思机会,结合自身经历,对女人命运有了超越时代的认知:"不是我把女子看得过于了不起,不是我把女子看得过于卑下;只是在现社会中,以女子出现造成这种斗争的记录,在我觉得她们是勇敢的,是最强的,把一切都变成了痛苦出卖而后得来的。"

最纯洁的三人行

两间房已经住了四个人,漫画家梁白波又要搬进来,锡金犯了难,萧红却是极度欢迎,她说:"那好办,让端木住到我们房间里,梁白波就住这间。"因为她早看出白波对锡金有好感,有意撮合他们(那个时候,即使有男友,也可以对另外的人有好感,"被"撮合的)。锡金却认为男男女女住在一起难逃嫌疑，且文艺界嘴巴杂，一旦传出闲话，没法说清了。白波说你去看看我的住处吧。原来她借住在男友叶浅予一个朋友家里，她和房主轮流住着一张床，而且房顶倾斜，砖上也生了霉苔。看着这糟糕的境况，锡金不得不帮她整理行李，搬进了小金龙巷。

回家后，端木的竹床让给白波住，他和二萧合睡里间大床。因为三人都是东北人，当年在东北乡下，一家老幼不避男女同睡一炕是极为平常的事，三人同睡一张床并没有什么忸怩不堪，又是为了朋友的难处，当时是毫无芥蒂的，但在电影《萧红》中表现就不一样了。章海宁说："画面中所展示和暗示的，并不是当时的实际情况。现在的人对女作家的情感本来就充满了好奇和想象，你这么一拍，更落实了八卦。"把几个心地坦荡的人的动作拍得充满暗示，引人遐想。虽然萧红与端木后来发生了感情，但不是在这个时候，连萧军也特别肯定这一点。

梁白波搬进来后更加热闹了，她给大家做地道的广东菜，看见锡金抽屉里有画纸和色粉，还要给四人画速写像。她首先给端木画，端木因为头发长，画出来像个女人的模样，萧军见了赶紧拒绝她给自己画，害怕画出女人气来。没多久，白波的男友来到武汉，她就搬走了。

再之后南京陷落，武汉由后方渐渐变为前线，人们纷纷内迁重庆。孔罗荪夫人带着孩子去了重庆，锡金为了方便工作住进孔罗荪家中。冯乃超也在夫人李声韵搬去重庆后，搬到了孔罗荪家，把自己位于紫阳湖畔的寓所让给了二萧，那里离胡风住处更近，商谈《七月》事宜比较方便。只剩端木留在小金龙巷。临走时，萧红说："我们走了，没人给你做饭吃，看你怎么办？"端木说："有煤气炉，至少我还会下面条，饿不死的。"虽说是饿不死了，但家务没人做，他一个人懒得收拾，房间里顿时变得凌乱不堪，桌上常常摊着笔墨、纸张，写好的未写好的胡乱扔着。

  二萧时常回小金龙巷来看他，有时候萧红也会单独来。她进了屋，一边嘲笑他的脏乱，一边帮他收拾。见桌上笔墨现成，她还颇有兴致地拿起笔写上几个大字，两人都是小时候学过绘画的人，不但在文学上，在绘画方面也有很多共同话题，审美观念非常契合。一聊起天来就忘记了时间。有一天，聊着聊着不觉已经夜幕降临，窗外月色怡人，萧红看了不觉有些忘情，站起来说："今晚月色真好，我请你到外边吃饭吧。"端木看了看天空的月亮，也兴味盎然，便随她一起走出门。在江边挑了一家馆子，他们拣了一个临窗的位子坐下。谈起目前的创作，谈起对未来的打算——难得有如此意气相投的倾诉对象，萧红感到非常快乐，因为萧军早就不耐烦倾听她的内心了，他的大男子主义让他对女人的心事不屑一顾。大多数人都有倾诉的欲望，却很少有倾听的能力。之前，萧军和萧红聊起自己的家乡时，根本就是自说自话，萧军总是打断萧红，萧红最终只能停止自己的描述，漫不经心又厌烦地听他一个人说下去。有人在说，却没有人在听。端木不一样，他对萧红是欣赏且尊敬的，他不会抢着说，也不会不耐烦听。他们都想知道对方的想法，对方的喜好，你说了一句我就想说下一句，就这样无休止地讨论下去。这便是精神的契合，是未曾察觉的爱情的基础。

从小饭馆出来，皓月当空，四周一片寂静，江上薄雾蒙蒙，萧红拉了端木走上桥头，倚在桥栏杆上，仰望着那轮清冷的满月，不由轻声念道："桥头载明月，同观桥下水……"只念了这两句忽然停住了。端木自然能感觉到这两句诗所蕴含的情境，他想她是酒喝多了，所以有些兴奋，打断她说："不早了，咱们回去吧。"萧红也意识到自己今晚有些异常，"好吧。"她意犹未尽，很自然地挽起端木的胳膊往回走。

萧红一个人在往家走的路上，兴奋渐消，冷静下来的她不由得权衡萧军与端木的区别。萧军永远给不了她这种浪漫的诗意的温柔之感，她在端木身边感觉到一种被溶化的微熏，心里轻飘飘的像要浮起来般失重。柔软恬适，善解人意，端木给人一种平等的幸福感，在他面前，她是一个人，而且是个值得呵护的女人。不像萧军，总视她为附属品。她也像其他人一样感觉到端木的缺点，他的软弱和退缩——之前，有特务到小金龙巷来抓人，萧军跟他们打了起来，而端木只缩在一边，不言不动。不过萧红倒觉得端木这只是"文人气"的表现，君子动口不动手，而面对兵匪，有理也说不清，所以端木既不动口也不动手了——临被抓走时更有趣，端木挟了毯子并从锡金书架上抽下一本书，这是做好了长期坐牢的打算啊。端木随物化形的"水质"特点与他自身文化素养有关，他与那种汲汲于生的普通人不同。古人说："形而上者为之道，形而下者为之器。"端木作为形而上者，看到的是超越于实际的情形，所以他像庄子一样不争，虽然孔子说"君子不器"，但器是用来载道的，没有这个"器"，端木的"出世"就显得与世人格格不入，甚至让人厌恶。而萧军顺应时势，喜欢做英雄，所以会大打出手，正如李零所说："君子追求的是道，不是器，就像人吃的是饭，不是饭碗。"萧军作为形而下者囿于"器"，追求器，自己也变成了器。

端木是有些清高的，在萧红死后十几年不结婚，他追求的不是"器"，他不同于萧军这类"正常"人，正如一个朋友所说，端木是健全人，所以热衷于数不尽的露水情缘，因健全而正常。萧军也是健全的人，他可以没有爱情，但不能没有女人，所以他可以在与萧红分手不到一个月的痛苦中迅速回到现实中来，与另一个女人相爱并结婚。

这正是端木不同于萧军也不同于众人的气质和作派的原因，端木出身地主家庭，孤傲"洋派"，他的装束、他的行为举止都显得与众人格格不入，再加上这种气质和作派，周边的朋友都对他印象不佳，不愿意亲近他、接纳他（二萧的好友张梅林和锡金都曾有些不以为然地描述过端木的衣着外貌）。萧红嘴上也说讨厌他这种气质，其实内心里是喜欢的，她要与别人同步，所以对他诸多抱怨，然而本身是为他这种气质和作派吸引的，"同"不过是人类的保护色，"异"才是个性的魅力所在。萧红后来常对聂绀弩说端木是"胆小鬼、势利鬼、马屁鬼"，而对端木的这些用词会被别人当成她不喜欢端木，其实这也是一种撒娇的喜欢，她喜欢端木却故意这样说，是为了骗别人也骗自己。

一天，端木不在家，萧红一个人迈进曾是三人共处的里屋，她的心忽然一下子烦乱起来，当初毫无意识的三人挤睡的大床却多了另一种况味。恍惚迷离之间幼时祖父教读的《节妇吟》跳入脑中。她走到桌前，拿起笔在铺着的毛边纸上写下：

"君知妾有夫,赠妾双明珠。还君明珠双泪垂,恨不相逢未嫁时。""恨不相逢未嫁时"反复写了几遍,这"恨"也便是"爱"吧。久不见端木回来,她一个人不无落寞地往回走,这份惆怅已经显露无遗。端木回来后看到萧红留下的墨迹,也有一种难以言说的复杂心情,但是,介于她已为人妇的身份,他并没有多想。

对于萧红与端木之间的关系的微妙变化,萧军也有所觉察。他陪萧红来小金龙巷,也喜欢提笔挥毫。一次,边写边高声念道:"瓜前不纳履,李下不整冠。叔嫂不亲授,君子防未然。"觉得不尽兴,又低吟着写下"人未婚宦,情欲失半"八个大字。萧红明知大有深意,却若无其事地走过来,笑着问:"你写的啥呀?字太不美了,没有一点文人气!""缺乏文人

1938年,萧红摄于西安。相片中的萧红面带微笑,衣着华美。就在此后不久,二萧在西安正式分手,一别而成永诀。

气"不是第一次听到了,"强盗"般的萧军瞪了她一眼,"我并不觉得文人气有什么好!"最具文人气的端木自然听了觉得不顺耳,正想与他理论,胡风来了,把三个含了怒意的人叫到外屋。

萧红偏拣了端木身旁坐下,萧军则头靠门框,眼神复杂地看着他俩。她靠近端木一是下意识的择木而栖,因为端木已经成了她力量的凭借,一是对萧军刚才抢白的反感,她也要给他一点"颜色"看看。

萧军一向是骄傲的,受到如此待遇自然愤恨不平,但是碍于情面,又不能说破。他和萧红开始发生激烈的争吵,有时三更半夜,萧军会一脚踹开端木房门,看到只有端木安睡在床上,便默默退回去,有时会问端木,萧红去哪儿了?端木只能无奈且无辜地回答:"我真的不知道!"当时端木真是很无辜的,他对萧红只是欣赏和尊敬,面对突如其来的热情,他并没有往心里去。

……

1938年1月16日下午,《七月》开座谈会,题为"抗战以来的文艺活动动态与展望",有胡风、艾青、聂绀弩、田间、萧红、端木参加,萧军因病未能出席。会上,大家毫无顾忌地谈论着一些问题,气氛非常热烈。楼适夷认为文艺在大众化过程中之所以弄成了口号化、概念化、没有力量和真情,是因为作家在后方的生活与抗战隔离得太远。萧红却明确指出:"我们并没有和生活隔离。比如跑警报,这也就是战时生活,不过我们抓不到罢了。即使我们上前线,被日本兵打死了,如果抓不住,也就写不出来。"她觉得作家写不出作品不是因为材料太少，不是因为没有深入战争与前线生活，而是他们观察不深入，不敏锐。淑明却说："不打进生活里面，情绪不高涨。"萧红强调："不，是高涨了压不下去，所以宁静不下来。"萧红明显感受到战时大家都处于一种浮躁的心态，才无法深入思考，而未经思考与沉淀，所以才写出标语、口号化的抗战八股。她的这种写作观点显然是高于那一大帮男性作家的，其实在这里也有"道"和"器"的区别，那帮男性作家处于战争中，太急功近利，而文艺作品的内容与思想应该是超越生活的，是升华的结果，而不是像新闻一样记录事实，不能仅仅看到"器具"。萧红的敏锐让她对文艺作品有与众不同的清醒认识，这是否也是她能够对端木有不同于他人的看法的原因呢？

《红楼梦》里的痴丫头

1938年1月，应李公朴之邀，萧红、萧军、聂绀弩、艾青、田间、李又然、端木蕻良等人，决定去阎锡山创办的"民族革命大学"任教。民大在武汉招收的学员有上万名，要乘铁皮货车去山西临汾，藏云远让萧红一行人再等几天，可以乘客车走，但是他们热情高涨，坚持和学生们一起乘铁皮车走。上车时，天已经漆黑，密密层层的人群都看不清彼此的脸。望着萧红他们兴奋地上了车，来送行的胡风、锡金等人听着抗日救亡歌曲,却仿佛听到了《易水歌》的悲壮,内心充满怅惘和落寞。

萧红等人临上车才发现,这辆车连座位都没有。大家上了车,有的站着,有的用草席一铺随便坐了。

一过黄河便真正进入北方,一望无际的黄土高原,黄河大片干涸的河床,皲裂得有些凄凉。面对如此萧索荒芜的景象,端木不由得感叹:"北方是悲哀的。"这句感慨立即引发了诗人艾青的灵感,写下著名诗篇《北方》,在诗前"小引"中写道:"那个科尔沁草原上的诗人,对我说:'北方是悲哀的。'"诗人容易被诗情感动,端木虽不是诗人,却有一颗诗心。车上还有另外一位诗人田间,他与萧红一见如故,就一些问题的看法不谋而合,很多年后田间还记得萧红在火车上与人争论的情形:一激动便脸发红,音调高昂,"看来体格有些虚弱,性格却很坦率、豪爽"。

经过10天的颠簸,火车终于到达临汾。他们下了车,才发现他们到的地方根本不像一个学校,只有一块大牌往一个地方一挂就是校址了,没有校舍,也没有教学器材,从四面八方涌来的学生只好分散居住到老乡家里(北方果然是悲哀的!)。

二萧、端木等人担任学校的"文艺指导",准备讲演,和学生谈时局,谈文艺创作。在这样热烈的文艺氛围中,萧红摆脱了家务琐事的束缚,有更多的余暇与人交流,尤其与住同院的聂绀弩谈论得多且深入。聂绀弩擅写杂文,犀利泼辣、恣肆汪洋的文风吸引了一些读者,他狂放不羁的个性也让他有了名士气。聂绀弩也是二萧刚到上海时鲁迅介绍给他们的朋友,虽然在上海相交不多,但他很了解二萧的成名过程;尤其赞赏萧红的才华。

一次聊天,聂绀弩对萧红说:"你是才女,如果去应武则天皇上的考试,究竟能考得多高很难说,当在唐闺臣(首名)前后,决不会与毕全贞(末名)靠近。"

萧红笑着说:"你完全错了,我是《红楼梦》里的人,而不是《镜花缘》里的人。"

熟读《红楼梦》的聂绀弩一时想不起她与《红楼梦》里的哪个人相对应,萧红提醒他说:"《红楼梦》里有个痴丫头,你不记得了?"聂绀弩调侃她说:"你是傻大姐?"萧红笑起来,"'痴丫头'就是傻大姐啊?'痴'和'傻'是同样的意思?"萧红所说的"痴丫头"是香菱,她说别人认为她是才女、天才,其实天才是天生的聪明,靠的是天分、天禀,而她并不是像别人想的那样提笔立就,不学而能的,"写文章之于我,一如香菱学诗,她在梦里也做诗,我也是常常在梦里都考虑写文章"。

萧红的比喻非常恰当,她确实有些天分,但是,她的写作不像某些才子、才女文思泉涌,而更像小学生习字一样一笔一画,写得认真且刻苦,所以看起来是"痴",痴人追梦,那份执着和天真的感性姿态是很容易让人动容的。

听了这些后,聂绀弩又不小心说了句不合时宜的话:"你将来会成为一个了不起的散文家。"(在火热、浮躁、混乱的环境下,萧红刚刚完成了长达7000字的散文《记鹿地夫妇》。)这样的话她早就听厌了,很多人都认为她的小说写得不行,她最不屑于这种论调,接着很认真地表达了对小说的见解:"有一种小说学,认为小说有一定的写法,一定要具备某几种东西,一定写得像巴尔扎克或契诃夫的作品那样。我不相信这一套。有各式各样的作者,有各式各样的小说。若说一定要怎样才算小说,鲁迅的小说有些就不是小说,如《头发的故事》《一件小事》《鸭的喜剧》,等等。"聂绀弩仍旧觉得奇怪,他说成为散文家和小说的各式各样的写法有什么矛盾呢?其实,萧红的不忿很容易理解:一说她会成为散文家就说明她的小说写得不好,不然就该是成为小说家了,就像某人问你"我漂亮不"你非要回答她"你很可爱"一样。并不是重漂亮而轻可爱,只是"选择性"的答案有肯定就必有否定。在萧红看来,鲁迅就是标杆,他的记叙性的《一件小事》可以当作小说读,她的散文化的作品也可以。

谈到鲁迅,萧红又说:"鲁迅以一个自觉的知识分子,从高处去悲悯他的人物。他的人物,有的也曾经是自觉的知识分子,但处境却使他变成听天由命,不知怎么好,也无论怎样都好的人了。这就比别的人更可悲。我开始也悲悯我的人物,他们都是自然的奴隶,一切主子的奴隶。但写来写去,我的感觉变了。我觉得我不配悲悯他们,恐怕他们倒应该悲悯我咧!悲悯只能从上到下,不能从下到上,也不能施之于同辈之间。我的人物比我高。这似乎说明鲁迅真有高处,而我没有或有的也很少,一下就完了。这是我和鲁迅的不同处。"

面对自己的作品,萧红是很清醒的,既不会因为别人批评两句就气馁,也不会像萧军一样自高自大到不自知。她一生悲苦,她的命运并不比她笔下的人物好到哪里去,所以她觉得自己没有资格悲悯她笔下的人物,而且她跟从命运随波逐流的无奈也让她无法有鲁迅一样知识分子的自觉的高度。聂绀弩却指出她的作品写出了鲁迅所缺少的东西：群众和集体！那时候人们喜欢传统的小说写法：典型环境中的典型人物，小说里都有一个个性鲜明的人物，但萧红却写群像，如季红真评价："以构图为主要特点的感觉化倾向，接近于20世纪之初感觉主义、印象主义和象征主义的文学新潮。"

面对聂绀弩如此高的评价，萧红乐滋滋地说："你说吧！反正人人都喜欢听他所爱听的。"

聂仍旧一本正经地说："人人都爱拍，我可不是拍你。"（聂绀弩，《回忆我和萧红的一次谈话》）他分析了《水浒》《三国演义》《毁灭》里的英雄，与萧红笔下的英雄作对比，认为萧红的《生死场》比法捷耶夫的《毁灭》还要好些，因为《毁灭》缺少不自觉的个体到英雄的集体这一量变到质变的改变，而《生死场》却是平凡个体到集体英雄的蜕变。

萧红说："你说得真动听。你还说你不拍！"

"且慢高兴，马上要说到缺点了。不是有人说，你的人物面目不清，个性不明么？我也有同感。但这是对小说，对作品应有的要求。如果对作者说，我又不完全同意。写作的第一条守则：写你最熟悉的东西。你对你的人物和他们的生活，究竟熟悉到什么程度呢？你写的是一件大事，这事大极了。中国的民族革命、民主革命的成功，不可知，一定要经过无数的不自觉的个体变成集体英雄。集体英雄又反转来使那些不自觉的个体变为自觉的个体英雄。不用说，你写的是这大事中的一件小事（大事是由无数小事汇集而成的）。但是你这作者是什么人？不过一个学生式的二十二三岁的小姑娘！什么面目不清，个性不明，以及还有别的，对于你说，都是十分自然的。"

她掩着耳朵说:"我不听了。听得晕头转向的。"一面说,一面就跑了。的确是二十二三岁的小姑娘!几句好话就听得晕头转向了,先不论聂绀弩说得是否有道理,可见他也真能说,绕着弯儿地把别人对萧红的贬低意见一一反驳,还给她拔到一个如此高的高度,甚至她的缺点倒成了一个"小姑娘"的特色……两个人特别谈得来,以至于在萧军看来聂也是可托付之人,临分手前要把萧红这个"包袱"转手给聂。

在临汾萧红还结识了丁玲,这两个被鲁迅并提的女作家,彼此只闻其名却从未见过面,这次会晤,相谈甚欢。丁玲是率领西北战地服务团三十多人从潼关赶来的,住房紧张,他们只好与从武汉来的作家挤住在一起。丁玲与萧红、萧军合住一屋,二萧时常吵闹,粗犷的丁玲每天晚上早早打起了鼾来,也不耐烦听他们吵嘴了。

后来丁玲在《风雨中忆萧红》一文中深情回忆了当年萧红给她的印象:"骤睇着她苍白的脸,紧紧闭着的嘴唇,敏捷的动作和神经质的笑声……自然而直率……作为一个作家的她,为什么会那样少于世故……显得有些稚嫩和软弱……"丁玲一眼便看出了她的少于世故,很多年以后的今天,萧红也一致被认为是智商极高情商极低的人。不过丁玲说两人相当投契,形同姐妹,但在萧红那里却有保留,她觉得丁玲不太好相处,也许是粗线条的丁玲没有觉察到她细微的不快吧。

小竹棍的象征

2月，日军逼近临汾，"民族革命大学"临汾总部准备撤到晋西南的乡宁一带，丁玲率西北战地服务团奉命前往西安，萧红、聂绀弩、端木等人决定跟"西战团"走，萧军却执意留下来与民大学生一块儿打游击。

萧红对颠沛流离的生活感到疲累、厌倦，她只想拥有一个安宁、平和的环境好好写作，虽然与萧军在感情上出现了裂隙，但她仍旧对他有依恋。这战乱中的分离，很可能是要为他们六年同甘共苦的日子划上一个句号，甚至是她不敢想象的死别。想到这里便害怕，她不由得想，她什么都可以原谅，只要他还爱着她，他们一起走，日子还可以重新开始，感情的裂隙也会慢慢弥合。

可是萧军不为所动，他的倔强里也有对端木示威的成分，是他对端木和萧红的关系不满的表现。1978年9月10日，萧军在注释萧红书简的时候，写下这样一段话："坦率地说，尽管我从事文艺写作已经有几十年的历史，在起始是由于偶然的情况，但我却一直'不安心'也'不甘心'……似乎觉得这并非是我应干的终生'职业'，做一个作家也不是我终生的目的。而觉得自己并非是一个适于做这一类工作的人或这类'材料'。我这样矛盾了十年……"萧军难得清醒了一回，他对自己的认知很确切，写作不过是偶然，与萧红在一起也不过是偶然，偶然的开始只会有一个必然的结束。

面对萧军的固执，萧红无计可施，就对端木说，萧军鲁莽暴躁，容易闹出问题，她不放心，让端木陪萧军一起留下（她对萧军的关心是出于爱的立场,对端木还止于喜欢)。还没等端木表态,萧军仿佛受了侮辱似的大声说:"谁也不用陪,我身体这么棒,到哪儿也不怕!"萧红气愤地说:"这么说,你是决定一意孤行了?""你管不着。"萧军带着情绪嚷道,说完便掉头走了,被撇在一边的萧红内心充满愤懑和失望,悲哀地想到他从来不会为她改变什么,六年来,他一直是这么自负且霸道。此时的萧军也像个固执的孩子,他的赌气让人又恨又怜,他是一个太顾忌面子的男人,一边倨傲地捶打着你的心,一边负气地不让眼泪流下来。

当晚,也是要离开临汾的最后一晚,二萧躺在床上毫无睡意,萧红说萧军是逞强主义、英雄主义,"以你的年龄、生活经验和文学才华,牺牲将是很大的损失"。萧军说:"每个人的生命价值是一样的,前线战死的人不一定全是愚蠢的,为了民族、国家,谁应该等待着发展他们的天才,谁又该去送死呢?"外人可能会被他这无私的伟大感动,但是这些大道理却唬不住萧红,她也厉声吼道:"你应该知道各尽所能,你忘了自己的岗位,简直是胡来!"

萧军充满情绪地回答:"我什么都没忘。我们还是各自走自己要走的路吧,万一我死不了,我们再见,那时候如果我们还是乐意在一起就在一起,不然就永远分开。"

萧红忽然意识到这才是他要留下的真正动机,蓄谋已久,她虽然有一定的心理准备,然而一经他诉诸语言,真切的词汇穿过她的耳膜,一阵尖锐的疼痛倏忽而来,她说"好的",便只剩下了沉默。

丁玲走进来,觉得气氛不对,以往都是两人在争吵,今晚怎么这么安静？她记起明天就要分别，所以要给他们一个完全私密的空间，开玩笑说："大家明天就要分开了，今晚还是让我到外间的炕上去睡好了，你们可以……"外面的聂绀弩大声叫起来："算了吧，丁玲，你别到外屋来睡啦！我们这里可全是男同志哪！"见丁玲抓住被子的一角真要走，萧军学着她的湖南腔说："你算了吧！"伸手把她手里的被子夺下来扔进炕里。战争时期，人和人之间的关系是纯朴的，生活条件的制约让他们离得很近，人近自然心也变得近了。

第二天傍晚，萧红坐在车厢里，想着将要失去可能是她一生中最宝贵的东西，不觉茫然失落。萧军走到她所在的车窗前，就近转身买了两个梨，塞进她手里，她噙着的眼泪立刻流下来，萧军装着愉快的脸也忍不住被酸痛刺激着。

伤心最是别离时，旁观的人似乎不能体会这种心境。见萧红一副生离死别的模样，一旁的端木打趣说："你太关心他啦。"聂绀弩也半开玩笑地说："他比我们强壮，打游击也可以打，跑也跑得比我们快，他是应该留在这里哪！"他们的话听起来特别刺耳，萧红揶揄说："你们也并不软弱啊！为什么不留一个在这里？"聂绀弩不再说话，只低着头去抽烟，端木却不识人脸色，仍旧幸灾乐祸似的调侃着："哪里，我们怎么能比得上萧军呢，现在正是他建功立业的时候，却是我这类人吃瘪的年头喽！"他说完自以为俏皮的话，抱着两只胳膊，穿着细腰的马靴，在车厢里大角度地叉开双腿站着。

萧军在窗外放开萧红的手，也觉得人心寒凉。听了端木的话，更有一种难以遏制的愤怒，越发讨厌眼前这个男人。他的站姿,他的马靴,他那不合时宜的长头发,让他越看越不顺眼,觉得他说话像一只鸭子带着一股贫薄的味道,讨厌他"总是企图把自己弄得像个有学问的'大作家'似的"。从这里看,倒是萧军更淳朴实在些。

面对萧红的苦口婆心,萧军毫不动摇。萧红的心已经冷了,平淡地说:"随你的便吧……"男人的理由总是那么宏大、冠冕堂皇,涉及家国与民族大义,但是萧红太清楚他到底在想什么了。他只是想借这个机会与她分离,试着撇弃她,既然如此,随他的便吧。

萧军去找丁玲,希望她照顾萧红,希望萧红能留在"西战团"里,他最担心她一个人孤零零地乱跑,就像萧红知道他的鲁莽不放心他一样,他也知道萧红的生活能力差而几乎不能自理。他又单独把聂绀弩叫下车,说:"萧红和你最好,你要照顾她,她在处世方面,简直什么也不懂,很容易吃亏上当的。"这样的托付让聂绀弩有些疑惑,萧军说:"别大惊小怪!我说过,我爱她;就是说我可以迁就。不过还是痛苦的,她也会痛苦,但是如果她不说和我分手,我们还永远是夫妻,我绝不先抛弃她!"萧军道出了互相不放心却仍旧分离的理由,因为在一起更痛苦,在他这里已经是迁就。

张爱玲说:这个世界是混沌且丰富的。

没有绝对的好也没有绝对的坏,此时萧红对萧军是难以割舍的,她忘记了他所有的不好,悲壮的身影让她无法捕捉而心痛,他在她眼里成了唯一。此时,端木无心的风凉话让他在萧红眼里变得可厌起来。火车徐徐开动,坐在窗前的萧红已是泣不成声,泪眼模糊地望着萧军渐行渐远。

谁是真正的爱人，将要失去的人才是。

在火车上，萧红与塞克、端木蕻良、聂绀弩合作，创作了描写山西农民进行抗日斗争的三幕话剧剧本《突击》。这是萧红第一次参加写作剧本，倒也觉得新奇。

丁玲率领"西战团"到达西安后，住进梁府街上的女子中学。萧红、聂绀弩、端木、田间等人住在一排房子里，彼此相邻，接触较多。在西安的平和日子里，萧红与萧军心照不宣地分手后那颗伤痛的心逐渐平复，她有了一份纯粹属于自己的独立的交往生活。

一个月色朦胧的晚上，聂绀弩与萧红在西安正北路上散步、聊天。聂兄长般的鼓励开启了她的倾诉欲望，萧红说起了与萧军这几年的生活经历："我爱萧军，今天还爱，……为什么拿自己的妻子做出气包，为什么要对自己的妻子不忠实！"她的情绪很激动，待稍稍平稳后，才喃喃自语道："我忍受屈辱，已经太久了……"

萧军是迁就，萧红是忍受，这样的日子注定了分手的结局，后面的恋情也就水到渠成了。也许很多人都以为她会而且应该和萧军安排的聂绀弩在一起，但萧红偏不。

萧红在田间拿着小木棍玩，端木也要削一根做手杖，削好后故意打了一下萧红一直带在身边的那根小竹棍，萧红反击，一下子把端木的木棍打断了。他要她赔。后来又说："这么着吧，把你那根小竹棍送我吧，我不要你赔了。"聂听了急忙说："萧红这根小竹棍，我早就向她要了。"面对争执，萧红灵机一动说："这么着吧，我把这小棍藏起来，明早上你们到我屋里来找，谁找到就送给谁。"第二天一早，萧红到端木屋里悄悄告诉他小竹棍放在门后了。

吃过早饭，聂与端木去找小竹棍，聂翻箱倒柜，而端木很轻易地就在门后找到了，在聂看来那小竹棍是很重要的东西，似乎可作定情信物，而端木不过是拿来玩的，聂在《在西安》中说他"只是为了好玩儿，也不会因得一个马鞭而多情起来"。

之前，萧红曾经拜托聂甘弩说，端木要她这根小竹棍，明天她打算放在箱子里，就跟端木说已经送给聂了，他若问聂，聂就承认此事，聂绀弩不假思索地答应了。他似乎被萧红骗了，以为她经常说端木"胆小鬼、势利鬼、马屁鬼"就是讨厌他，想起萧军的嘱托（"（萧红）很容易吃亏上当的"，他们俩都心知肚明这上当的对象就是端木），聂更是要站出来保护她。听着她的怨诉"女性的天空是低的，羽翼是稀薄的，而身边的累赘又是笨重的！……我要飞，但同时觉得，我会掉下来"，聂还鼓励她："飞吧，萧红！记住爱罗先珂童话里的几句话么：'不要往下看，下面是奴隶的死所！'……"

"与人谋有不忠乎"，聂绀弩对朋友，对答应别人的事还是很认真的，而他的认真和忠厚让他变得有些可笑起来。也许是内疚，也许是离别在即的兄弟姐妹之情，晚上，萧红非要请聂绀弩吃饭，还"窥伺她的久别了的兄弟姐妹是不是还和旧时一样健饭似的"含情望着这位兄弟，聂绀弩就真的很实在地"吃了满满三碗饭"。

出了饭馆，萧红心事重重地对聂绀弩说："要是我有事情对不住你，你肯原谅我么？"接着便告诉聂绀弩，她已经把小竹棍送给端木了。聂绀弩很吃惊："你没有说已经送给我了么？""说过，他坏，他知道我在说谎。"这最后一句话传达出复杂的暧昧信息，聂绀弩有了不好的预感，问她小棍不象征着别的什么吧，她违心地说："你想到哪里去了？我早告诉过你，我怎样讨厌谁。"聂以为她又是在用"自我牺牲精神"牺牲掉自己，因为他觉得萧红并不真喜欢端木，连萧军也曾说过她比自己还要讨厌端木，然而她却是有着"牺牲精神"的。

后来，丁玲因与陈明恋爱，被召回延安总部"述职"，她只告诉了萧红，而萧红也只告诉了端木，聂绀弩却不知内情，眼看着聂糊里糊涂地还跟着丁玲一起走，也不出声，可见她对端木是情有独钟的。

走出你骄傲自负的料定

3月30日，萧红在给胡风的信里说："前些天萧军没有消息的时候，又加上我大概是有了孩子。那时候端木说：'不愿意丢掉的那一点，现在丢了；不愿意多的那一点，现在多了。'"

既然已和萧军分手，萧红极力想打掉腹中的孩子。但是西安找不到一家像样的医院，她非常烦躁、抑郁，端木见她情绪不好，时常陪她去郊外散步。西安众多名胜古迹，端木最爱碑林,他为萧红讲解《同州三藏圣教序碑》,每一个字的妙处都讲得让萧红大为叹服。总是因谈兴太高而忘了吃饭的时间,他们就在街边吃小吃,萧红特别爱吃粉皮,而且要放很多醋,她的嗜醋让端木开玩笑说,是不是怀孕了?

4月初,丁玲、聂绀弩二人又回来了,跟随他们一起回来的还有萧军。一看见萧军,端木和萧红同时愣了一下,端木赶忙上前与萧军拥抱。在聂绀弩看来,他的表情极不自然,充满畏惧、惭愧,甚至有"这回可糟了"的含义。聂绀弩一回屋,端木就跟进来,拿起刷子替他刷大衣上的尘土,边刷边低头说:"辛苦了!"在聂看来,他似乎在说:"如果闹什么事,你要帮帮忙!"在聂绀弩的眼中,端木畏首畏尾的情状,又殷勤成一副巴结相,看起来如此好笑。因为对萧红的失望和惋惜,聂绀弩也不情愿搭理端木,他看好的那只大鹏金翅鸟,已经从天空栽到端木这"奴隶的死所"上了。聂绀弩是带着先入为主的思想来看待端木和萧红的关系,明明是萧红常常主动找端木聊天,却被他看成了"端木这几天看起来似乎不放过接近萧红的任何机会",这是萧红表面讨厌端木给他的错觉。

聂绀弩故意撺掇萧军跟他们一起回来,是想让萧军与萧红破镜重圆。而萧军自己也怀有期盼,因为已经习惯了两人世界的萧军刚一与萧红分开,就忽然生出失落之感,早晨起床后看到萧红那双棕红色的小靴子还放在屋角,睹物思人,他将它包裹起来,附上字条让同事捎给萧红。萧军的生活里是不能空缺女人的,没有别人,就应该有萧红,招之即来,挥之即去,但是这一次,萧红是他招不回来的了。有人说男人多情女人绝情,在某种情境之下,她可以涕泪四横,情过境迁,她的心比男人更冷。萧红经过反省，回忆起过往的种种伤害，再加上与端木相伴的快乐日子，她不可能再回头，何况端木身上有更加吸引她的东西，那正是萧军所没有的。萧军仍旧那样自信，以为他回来，她就一定在那里等着，却没想到迎接他的是冷静甚至于冷漠。

萧军正在清洗一路灰尘，萧红走进来，微笑着站在一边："三郎，我们永远分开罢！"整个屋子霎时静下来，大家一言不发。萧红当众宣布就是为了不给他回旋的余地，在众人面前，萧军只能说："好。"他曾经对聂绀弩说过，他们生活在一起已经很痛苦，但若萧红不提出分手他绝不先抛弃她，现在萧红主动提出来了，这是他没有预料到的。自尊而骄傲的男人表面上平静，其实内心已经升起无言的懊恼。

端木回到自己的屋子里，萧红也跟进来，萧军也大踏步地走进来，粗声粗气地说："萧红，你和端木结婚吧，我和丁玲结婚。"这句轻率且庸俗的安排引起了端木和萧红的愤怒。萧红说："你和谁结婚我管不着，我和谁结婚难道要你来下命令吗？"端木也说："你也太狂妄了，你把我们当成什么人了？""我成全你们不好吗？"萧军斗志昂扬，捋起袖子就要打架，萧红一看他又使用蛮横这一套，警告道："你若还尊重我，那么对端木必须尊重，我只这一句话，别的我们都不要谈了。"说罢，三人不欢而散。

之前，萧军在日记中写过："对于吟在可能范围内极力帮助她获得一点成功，关于她一切不能改造的性格一任她存在，待她脱离自己时为止。"那个时候，他自负又自信地以为是自己帮萧红获得成功的，不但如此，还要改造她的性格，他的霸道和鲁莽可见一斑，然而也说到"她脱离自己时为止"，那时他的意向里已经明确表示有一天萧红得脱离他。然而，当萧红真的要脱离他的时候，他的反应却并非自己所说的那样平静、知礼。1978年9月26日，萧军重申了自己关于爱情的原则："我对两性间关系原则是这样：如果我还爱着她，而对方不再爱我，或不需要我了，我一定请她爱她所要爱的去，决不加以纠缠和阻拦；如果我不爱她了，不需要她了，她就可以去爱她爱的去……不管此后她把自己的身体和灵魂交给'天使'或'魔鬼'，这完全是她自己的事了。"

其实这两点萧军一点都没有做到。这一闹之后，他又向萧红索要以前写给她的信件，借机要和她再谈一次，萧红说："我不听。"她向他要信件，他也拒绝了。两人彻底闹翻，住在隔壁的端木听见他们吵了一个晚上，他自己也辗转难眠。

第二天傍晚，萧红约端木出去散步，告诉他已经和萧军彻底分手，然后哭倒在端木怀里。端木还以为她会开心，一见这样就有些慌神了，急忙问她："怎么了？"萧红定定地说："我有了萧军的孩子。"

"萧军知道吗？"端木本能地问。

"当然知道！"

"那他还要你和我结婚？"

萧红面无表情地说："是的，他就是这样的人。"

"天哪！"端木忽然理解了面前这个女人的苦难，上前将她紧紧搂住，气愤地说："你，你怎么能和这样的人在一起……"

萧红一直不敢把怀孕的事告诉端木，怕遭到拒绝，没想到他非但没有拒绝反而理解她同情她。

从这一点看，端木是个伟大的人，不拘小节，他的爱非常纯净，超越于世间习俗，是真正的平等，不像萧军一直是居高临下的怜悯。其实这时也许周围的人对他们的交往已有看法，但端木给胡风的信中并无多少端倪，除了述说他与二萧正常的友谊和牵挂，并没有显现出端木刻意插足的痕迹。端木自己也说，萧军放弃了萧红，她当时又怀有身孕，他不跟她结婚，她怎么办呢？他以为是自己惹的祸，是因为自己二萧才闹翻，所以他得负这个责任，对于萧红，他只是有好感，完全没有到爱的地步。此时，我的眼前忽然出现孙柔嘉逼方鸿渐就范说她给家里写了信的场景——他们的关系逃避不了，她家里人已经获悉一切。萧红自然没有那么深的心机，但潜意识里确实是使有心栽花、无心插柳的端木虽不是方鸿渐般被逼于无奈，也是有点赶鸭子上架的为难，但他毅然站出来，是因为他的良心，他对她的同情。萧红再次为生存计，像袁权所说："……兵荒马乱且有孕在身，实实不宜独自赶路。"

二萧明确分手后，萧红、端木两人坦然公开在一起，萧军起先没理会，过了两天，他又改变了主意，希望看在孩子的份上和好，但萧红断然拒绝。

一天晚上，萧军又踢开端木的门，要和他决斗。端木对萧军的反复无常感到匪夷所思，一边想着外国小说里决斗的场景，一边磨磨蹭蹭地穿衣服，幸亏萧红闻声赶来，才避免一劫（以端木的柔弱，他是很害怕打架这种行为的）。

决斗没有实现，萧军又采取新的行动，只要萧红和端木走到哪里，他就拎着一根粗大木棒，在距离二人一二百步远的地方跟着。萧红和端木很不安，决定离开西安，避开萧军。所以两人看萧军的走向而定将来的去向：他去延安，他们就回武汉；他去武汉，他们就去延安。得知萧军要去延安，他们就去了武汉。丁玲对萧红这一决定感到非常可惜，"抗战后短时期的劳累奔波似乎使她感到不知在什么地方能安排生活，她或许比较合适于幽美平静，延安虽不够作为一个写作的百年长计之处，然在抗战中，的确可以使一个人少顾虑于日常琐碎，而策划于较远大的"。

萧军当时并没有去延安，而是准备去新疆。途经兰州与王德芬结识，迅速坠入爱河，并结婚。给之前种种做法一个反驳，或者说反讽，他对萧红的爱又有多少呢？不过是占有欲而已。她伤害了他的骄傲，他的霸道不允许。

萧红怀着汪恩甲的孩子被萧军拯救，又怀着萧军的孩子跟随端木离开，有人说这是一种可怕的宿命，但从某种程度上来看，这也是萧红的幸运，她竟然可以遇到两个不介意她怀着别人孩子的男人。

对一个女人最大的赞赏

回到武汉，端木仍旧住进小金龙巷，萧红住进池田幸子

1938年5月,萧红与梅志及其儿子晓谷在武昌金家花园。

从西安回到武汉,1938年5月,萧红与端木在汉口大同酒家举行婚礼,但旋即遭到周围朋友的"友情封锁"。苦闷中的萧红常来金家花园找梅志聊谈。此时,对她来说,最大的苦恼是如何处理腹中与萧军的孩子。

家。郭沫若主持的政治部第三厅给鹿地亘一个设计委员的名义,分给他一座小房子,他们的生活条件大为改善。夫妇俩从事反战宣传和翻译工作,池田给萧红的信中说:"我在这里可成了明星了,但朋友少,你快来,要不我简直寂寞死了。"萧红并没有在她家住几天,正如池田幸子向胡风发的牢骚,"我请她住在我家,有一间很好的房子,她也愿意。谁知晚上窗外有人一叫,她跳窗逃走了。"说完又气恼地补上一句:"好像夜猫子一样,真没办法!"可见,萧红与端木的关系一开始就受到所有朋友的质疑,当她告诉胡风与萧军分手而与端木在一起了时,胡风与梅志没有任何表示,一句祝贺的话也没说。后来胡风实在忍不住,还是说了:"作为一个女人,你在精神上受了屈辱,你有权这样做,这是你坚强的表现。我们作为朋友的为你能摆脱精神上的痛苦是感到高兴的。但又何必这样快?你冷静一下不更好吗?"东北作家群的朋友对端木印象不好,他们觉得萧红离开萧军还可以原谅,但这么快又选择了端木是极大的错误。胡风嫌她轻率伤了自己的自尊,更让端木不痛快(为什么所有的人都觉得我是"奴隶的死所"呢?如果端木听到过聂绀弩那个比喻,一定会这样问)。

白朗也认为萧红"竟然爱上了一个她并不喜欢的人"。

住得很近的张梅林也很少上门来了。萧红和端木常到梅林处闲聊,偶尔去蛇山散步。梅林非常冷淡,看着他那含蓄的眼神,萧红感觉很失落,终于忍不住问:"是因为我对自己的生活处理不好么?"梅林仍旧冷淡地说这是你个人的事。萧红还是很想得到朋友的理解的,但是她的诚恳并没有换得理解。

1981年,丁玲向葛浩文坦诚披露:"我对端木蕻良是有一定看法的,端木蕻良和我们是说不到一起的,我们没有共同语言。我们那儿的政治气氛是很浓厚的,而端木蕻良一个人孤僻、冷漠,特别是对政治冷冰冰的。早上起得很晚,别人吃早饭了,他还在睡觉,别人工作了,他才刚刚起床,整天东逛逛西荡荡,自由主义的样子。看那副穿着打扮,端木蕻良就和我们不是一路人。"

带有资产阶级特征的知识分子,是不可能服从革命纪律的另类。端木的自由主义、艺术家精神吸引了萧红,这与她的"作家不是属于某个阶级的,作家是属于人类的"观点一脉相通,也难怪"抗战之前写了很多文章的人而现在写不出",普通写作者不说,著名作家丁玲就是一个例子,之前《莎菲女士的日记》在文学价值上完全高于后期政治气味浓烈的作品。萧红强调作家的人类属性，反对狭隘的阶级意识与民族意识，反对为跟着时代走而去写自己并不熟悉的题材，那样的作品缺乏真实情感，不可能打动人心。她的文学观念之所以能够流传至今是因为她超越了自己的时代，不会把战争看得高于一切，她有着独立的成熟的思想和鲜明的个性。

端木和萧红被认为是弱的一类，而萧军那些人是生命力强的一类，萧红写了《无题》，借被认为生命力不强的屠格涅夫、罗曼·罗兰，来说明他们这一类"弱"的人是合理的，幽美的，宁静的，正路的，是从灵魂出发，而后走到本能的作家；而那些生命力强的人则是："暴乱、狂邪、破碎，先从本能出发，而后走到灵魂……也有永久走不到灵魂的……他就永久站在他的本能上喊着：'我的生命力强啊！我的生命力强啊！'"

这是萧红在《七月》上发表的最后一篇文章，这一期杂志也是《七月》的终刊，因此有和以往的朋友精神告别的意味，此后的《七月》同人风流云散，萧红与他们没有了亲密往来。

虽然端木对形式看得很淡，但他还是想给萧红一个名分，以示对她的尊重。他认为萧红之所以被汪恩甲和萧军不负责任地离弃和欺负，就在于都没有和她正式举行婚礼。端木的三哥曹京襄知道小弟要和萧红结婚，表示不可思议，不明白前程似锦、才华横溢的弟弟为什么要娶一位一脸病容、怀着别人孩子的女士，他说母亲一定不会同意的。端木就决定瞒着母亲举行婚礼。主婚人请三嫂刘国英的父亲——当时在邮政局任高级职员的刘镇毓老先生，他一听萧红的情况就对女儿说不同意,嫌端木择妻不慎重,在刘国英的劝说下勉强同意了。萧红购买了紫红丝绒缝制了一件连衣裙,端木也理了发,定做了一身浅驼色的西服,买了红领带。

1938年5月,萧红怀着萧军的骨肉,和端木蕻良在汉口大同酒家结婚。两人大有"虽千万人,吾往矣"的精神。婚礼上有刘国英和几个同学,胡风、艾青等文化界的朋友。萧红被大伙簇拥着,虽然经历了几个男人,这还是她第一次当新娘,感到兴奋而满足。胡风担任司仪,提议让新郎、新娘介绍恋爱经过。萧红对大家说:"张兄,掏肝剖肺地说,我和端木蕻良没有什么罗曼蒂克式的恋爱历史,是我在决定与三郎永远分开的时候才发现了他。我对他没有什么过高的希求,只是想过正常的老百姓式的夫妻生活。没有争吵、没有打闹、没有不忠、没有讥笑,有的只是互相谅解、爱护、体贴。"这几点要求似乎是专门针对萧军说的,是因萧军的暴力和不忠所带给她的恐惧感而产生的强烈愿望。在最初的时候,人们的要求总是不高,欲望是随着生活细节慢慢生长起来的,她所说的这几点端木基本上都做到了,他们的婚姻生活里没有争吵、没有打闹、没有不忠、没有讥笑,也算得上互相体贴爱护,可是在香港的时候,萧红仍旧觉得自己是不幸福的,她想要的根本不是正常的、平凡的、老百姓式的夫妻生活。

她还说:"我深深感到,像我眼前这种状况的人,还要什么名分,可端木却做了牺牲,就这一点我就感到十分满足了。"爱情从来不是建立在牺牲基础之上的,真正的爱是没有牺牲这一说的,只有婚姻才会涉及牺牲,涉及不平等。萧红说到牺牲,是否,他们的婚姻从一开始就不是建立在纯粹的爱情之上的呢？

婚后，他们仍旧住在小金龙巷，萧红把家布置得很漂亮，桌布，花瓶，康乃馨。这时期她也不再抽烟、喝酒——有着重新开始新生活的意味。

抗战以后，他们发表文章不多，没什么稿费，生活拮据，端木写信向茅盾求助，茅盾寄来100元礼金支票。后来《大地的海》出版，手头才宽裕了。端木不让萧红在家做饭，两人饭量都不大，就常在饭馆里就餐，节省出时间来写作。萧红有兴致的时候，就在家亲自做几道她拿手的菜。端木生活能力差，整天沉浸在写作中，养成了丢三落四的习惯。他把钱全部交给萧红管，独自出去时再跟萧红要。在萧军那里处于从属地位的萧红伤了自尊心，但跟端木在一起主持一切的生活状态久了又让她产生了劳累感……

日军进攻武汉，又开始了一次大撤退，一些文化人纷纷扶老携幼入川。萧红托罗烽帮买船票，结果只买到一张。端木主张两人一起走，把这张船票转让给别人，再等机会，萧红觉得船票太紧张，很难恰巧等到两张船票，有一张先走一个人，她让端木先走，理由是她一个人大着肚子到重庆人生地不熟，得让端木先去找个落脚的地方，随后她再找人搭伴走。恰巧田汉的夫人安娥亦准备去重庆，她说他们与萧红一起走没问题，有女人搭伴也便于照顾。这样，端木就听了萧红的安排先走了。这就成为端木"不负责任、不近人情、自私懦弱"的象征，一直遭人诟病。陈纪滢在《记萧军》一文中写道："端木看来文雅，但在二十七年（即1938年，编者注）夏天，正是武汉紧张时期，他却一个人买了一张头等船票去重庆，把萧红一个人留在武昌不管了。"骆宾基在《萧红小传》中叙述：萧红、罗烽、梅林准备一起入川，当拿到船票的时候，武汉已经陷入极度恐慌，没当成"战地特派员"的端木又回来了，并对梅林说萧红不走了！她要留一些日子另外等船，于是把船票据为己有，便和罗烽、梅林启程去川了。后来连萧红客死香港也都归结为端木不负责任的结果，似乎不负责任是他向来的本性。其实端木再懵懂书生般顺从，再懦弱（如果真是这样，他就不会去当"战地记者"），也不至于做出"抢"票的事情，少爷作派的端木对家里一切事务从不过问，一切由萧红来安排，对萧红做的这次他先入川的决定，自然也拗不过她。

但是当他真的一个人走了，她是否又有些失落呢？

武昌大轰炸第二天，萧红一个人住在小金龙巷被孤独、恐惧袭击着，最后她把被褥、床单和枕头打了简单的铺盖卷，拎了自己的小提箱，叫人力车赶往汉口三教街的"文协"找锡金（这里属于俄租界，成了这帮文化人的临时避难所。当天来的还有冯乃超夫人和另外几位）。萧红上楼直接对锡金说她要住下来，锡金诧异地问："为什么端木没跟你来？"当萧红说端木去了重庆，锡金更惊异地问："他怎么不带你走？"萧红反问："为什么我要他带？"锡金一时无语，萧红这似乎是赌气的话，虽然是她"安排"端木走的，但端木真的把她一个人留在这时时有危险的地方，她心里还是有些不忿的。"文协"已经住满了人，锡金很为难，萧红蛮横地把铺盖铺在楼道里。——在这兵荒马乱的年月里，至少这里还有罗荪、孙陵、于浣非等一帮东北朋友，和常来聚会的文艺界友人，她心里会稍微安宁些。在这样的环境下，她还完成了两个短篇小说《黄河》和《汾河的圆月》,小说取材于辗转西北的见闻,从边缘角度表现了抗战情势,力图避免口号式的空洞宣传,但在表达主旋律的同时似乎也透露着对战局的盲目乐观。

1938年夏,高原来到武汉,通过胡风找到萧红。两人席地而坐交谈着,萧红拿出与端木的合影给他看,神情木然,没有表现出多少愉快的成分,让高原明显感到她并不热心谈论端木。她无法热心谈论端木,大概怕谈得多了,人家又要问起为什么端木不带她一起走,这个问题她已经懒得解释,而且也自觉底气不足。得知萧红囊空如洗,高原把自己仅有的5元钱留给她。他像其他朋友一样对她做出的选择不认同,认为她不该草率离开萧军,甚至提升到政治影响,一听到这些空而大的批评,萧红同他吵起来,虽如此,高原仍旧常常来看望她。

有一天,大家商量凑分子请客,萧红在楼道里叫起来:"我有钱,我请!"到了小店,众人要了刨冰、冰淇淋、啤酒,只花了两元多,女侍者送回余钱时,萧红却摆摆手说:"不要了。"锡金埋怨她太阔气,萧红却说反正这也是最后的钱,留着也没用,花掉它就花个痛快。她说:"人到这步田地,发愁也没用,反正不能靠那两元多钱!"萧红此时的感触似曾相识,张爱玲在战乱中发出同样的感慨:"个人即使等得及,时代是仓促的,已经在破坏中,还有更大的破坏要来。有一天我们的文明,不论是升华还是浮华,都要成为过去。如果我最常用的字是'荒凉',那是因为思想背景里有这个惘惘的威胁。"

锡金有自己的事情要做,不能一直留在武汉,所以对萧红很不放心，战争一旦打起来，萧红身无分文非常危险，于是到生活书店找曹谷冰借出100元，又去读书生活社，找黄洛峰借出50元，说明是代萧红借的，将来由她用稿子还钱；如她不还就算他预支的稿酬。萧红苦笑着收下，她仿佛早已经将生死置之度外般，面对朋友的这份好意，她唯有苦笑，有种盛情难却的无奈，和对嘱托的不以为然，她似乎已经对明天不抱什么希望，因为她的心里也有了张爱玲式"惘惘的威胁"。

危险的想象是毒药

船票终于买到，萧红与李声韵结伴而行。在船上，李病倒了，萧红手足无措，幸亏《武汉日报》编辑段公爽帮助，把李声韵送进医院。萧红又剩下一个人，在黎明的晦暗中，她独自去找船，在码头上被缆绳绊倒，她挣扎着想爬起来，但笨重的身子加之连日来的疲倦、衰弱，让她难以动弹。她在心里说着："孩子呀，孩子呀！你就跌出来吧！我实在拖不起了，我一个人怎么能把你拖大！"但是，八个多月的胎儿还是稳睡在她的肚子里。起不来就躺着吧，怪不得萧红会说（女人）身边的累赘是笨重的，这也是对她自己经常处于的境地的一种形象的描述吧，没有一次体会怀孕女子美好的羞涩，没有一次产生即将做母亲的神圣的恬适，这小生命仿佛某种恶果被她厌弃着。四周黑且寂静，没有一个人影，轮船没有等她，早就开走了。遥远的天空一片青灰色，稀稀疏疏地挂着几颗星星，泛着石头般的冷光，而身触的大地也是一片冰凉，在天地之间她忽然感觉到自己的渺小，心里弥漫着虚无，又一次追问起生死的问题来。但是她马上意识到就此死掉，实在不甘，"总像我和世界上还有一点什么牵连似的，我还有些东西没有拿出来"。萧红有很强的生命力，她一直很用力地使自己活下去，像一颗脆弱的铜豌豆，软弱的表象包裹着刚强本质，这也是在荒寒和干冷的土地上生长的东北人所特有的秉性吧。

后来一位赶船的陌生人路过，将她扶起来，她才慌忙赶往岸边，也只好等下一艘船了……

萧红一见到张梅林就说："我总是一个人走路，以前在东北，到了上海后去东京，现在到重庆，都是我自己一个人走路。我好像命定一个人走路似的……"这种连珠炮似的诉说充满了抱怨的味道，又有着宿命般的无奈。

端木只身到重庆后，应复旦大学教务长孙寒冰邀请任内迁重庆的复旦大学新闻系兼职教授，兼复旦大学《文摘》副刊主编，暂住在昌平街黎明书店楼上，萧红一来却不能同住在书店里，他只得把萧红安排在同学加亲戚的范士荣家。

一进家门，范太太就热情地迎出来说："曹太太一路上辛苦了，今天要再接不到，可要把曹先生急坏了。"第一次有人叫她太太，她愣了一下，然后很高兴地笑了。原来一个正式的名分会让人如此舒心，"太太"这个名号既让她安心又让她觉得自己是被端木家人所接受的。

端木编刊物、教课、写作，非常忙碌，顾不上萧红。产期越来越近，她知道端木不会照顾孕妇，就决定到白朗家去生产，因为白朗有过产育儿的经验，而且她婆婆也住在一起，可以帮忙照看。据白朗回忆说，萧红的性情有了明显的变化，以前无话不谈的朋友现在似乎什么都隐藏于心。

她变得暴躁易怒，有两三次为着一点小事竟冲白朗发脾气，仿佛只是想找一个发泄的对象，等自己感觉到了又平静下来。白朗可以理解她的情状，但是她有时莫名的发火还针对罗烽的母亲——白朗的婆婆，这让白朗常陷于两难之间。萧红念叨着"贫穷的生活我厌倦了，我将尽量地去追求享乐"，这种论调也极为反常，她仿佛在与"一个空洞的对象赌不忿"，白朗很是困惑于她为什么对一切都好像怀着报复心理。后来白朗推测认为她是对新生活不满，与萧军分手是她无可医治的心灵创痛。其实这时候的萧红很可能是精神状况有了问题，生活的困苦，一路的颠簸，腹中无法解决的孩子，就像每次面对摆在她面前的死亡一样使她不甘，这多舛的命运也让她不甘，因而愤怒了。她与之赌不忿的那个"空洞的对象"其实就是她自己的命运。

白朗把即将临盆的萧红送进一家私人小妇产医院，顺利产下一个白胖的男婴，样子很像萧军（我私下里以为不是端木照顾不了孕妇，而是回避，看上去云淡风清，其实内心里是风起云涌，端木根本无法面对手里怀抱着样子很像萧军的一个孩子这样一个现实，所以，萧红说去白朗家生产，端木才不会阻拦，仿佛松了一口气，即使他想表现得伟大却始终过不了自己心上的坎，这能怪端木吗？萧红总是一个人走路，一个人生产，一个人嗟叹命运的不公，这能怪端木吗？她心里是有怨的，但这怨又难以说出口，所以她只与她那个"空洞的对象"赌不忿）。白朗一直尽心照顾她们母子，没想到第四天的时候，萧红十分平静地告诉她，孩子头天夜里抽风死了。白朗一听马上急了，要找医生理论，但萧红自己反倒非常冷淡，也没有表现出多大的悲伤。

婴儿的死成了萧红生命中又一谜案，白朗认为孩子的死与萧红不愿意做母亲的意志有关，甚至有人怀疑萧红像武则天一样亲手窒息了初生婴儿，所以有人对此不忿，说为什么大家都对汪恩甲的始乱终弃和端木的不负责任穷追猛打，却没有人考证萧红本身的阴暗面呢？萧红没有武则天的气魄，孩子当然不应该是死于母亲之手，婴儿的生命是弱的，再加上医院条件差，萧红的无心、无力照管，死了是有可能的；再次被人抱走也是有可能的，不想让萧军知道，不想再有任何牵连，所以说"死了"，一死百了。

用"狠毒"来评价萧红，是读者错误的想象。章海宁说："我们不能过度解读萧红的'母性'，不能将女作家心灵深处最痛楚的创伤作为伤害女作家的理由。"萧红把孩子送人实在是迫不得已，她临终前，一直牵挂在哈尔滨送人的孩子，希望端木有条件的话帮助寻找这个孩子。

梅志说，这当然是萧红的不幸，但她绝对不是不愿做母亲，她是爱孩子的。不过我对她在"爱"的这方面更看出了她的一些弱点。归结到萧红命运的不幸，甚至归结到端木"是否能接受"，她认为萧红又为爱情作了牺牲。

萧红独自来独自去，临上船时与白朗握别，凄凉地说：

"莉，我愿你永久幸福。"

"我也愿你永久幸福。"白朗说。

"我吗？我会幸福吗？莉，未来的远景已经摆在我的面前，我将孤寂忧悒以终生！"萧红是非常不快乐的，有人推测说她似乎已经患了忧郁症。

回来之后萧红和端木租住进歌乐山上"乡村建设所"的招待所。那里环境清幽，很适合静养、写作。

从此，萧红很少出门去拜访朋友。朋友们就在闲聊中谈起萧红。绿川英子想起在武昌码头看见端木和萧红的情景，就向池田幸子叙述起她连带想象的场景：细雨蒙蒙，大腹便便的萧红夹在濡湿的蚂蚁一样的逃难人群中，自己撑着伞，提着笨重

1939年秋摄于重庆。

避难重庆期间，萧红产下与萧军的孩子，不久身染肺结核病。在周围朋友的回忆中，她与端木蕻良过着黯淡的婚姻生活，加上空袭的折磨，身心俱疲。

的行李，步履艰难。而轻装的端木，则拿着手杖站在一边。萧红只得时时用嫌恶而轻蔑的眼光，看看自己那日渐隆起的肚子……

在绿川等朋友的眼中，"她对他的从属性却一天一天加强了"。二人从此"自囚在只有他们两人的小世界中"，尔后"就有他们谜样的香港飞行"。她们却不能体谅萧红的身体正在复原中，她还有自己的事情做，写作、做家务，她不可能扔下端木，长久陪着她们闲聊。

闲着没事干的女人总是臆测别人的生活，尤其像萧红这样的超出常规的生活，更加引发她们的想象，莎翁说："危险的想象，它们的本质就是毒药。"

关于萧红与端木后来去香港的事情，连胡风给许广平的信中也说萧红"秘密飞港，行止诡秘"。萧红对此十分愤怒，"中国人就是这样随便说话，不管这话轻重，说出来是否有害于人。假若因此害了人，他不负责任，他说他是随便说说呀！"萧红晓得这件事时，痛苦地坐立不安了两个钟头，过后又觉得可笑，说自己未免孩子气了，对华岗要帮她解释的信回复说："关于胡之乱语，他自己不去撤消，似乎别人去谏一点儿意，他也要不以为然的，那就是他不是糊涂人，不是糊涂人说出来的话，还会不正确的吗？他自己一定是很正确。假若有人去解释，我怕连那去解释的人也要受他心灵上的反感。"对于老朋友的诬陷萧红是非常愤怒的，但又觉得这愤怒孩子气，30岁，远离家乡、远离亲人和朋友的萧红已经有些成熟了，对人、对事容易达成和解。

梅志生了孩子，萧红常去看胡风夫妇，如果是和端木一起去,就显得无话可说。她一个人去,就谈得很好。有一次萧红顺路来看他们,梅志一见萧红就想起萧军寄来的信和照片,不假思索地拿出来给她看。萧红仔细看了信,满纸都在抒发着婚后的幸福,她也看了照片:萧军和王德芬相拥而坐,面前站着一只狗,二人脸上洋溢着幸福的喜悦。她拿着照片看了正面又看反面,反面写着:"这是我们从兰州临行前一天在黄河边'圣地'上照的。那只狗也是我们的朋友……"萧红毫无表情,脸上泛出白里透青的颜色,仿佛石雕般。梅志后来回忆起她这副模样,说:"想不到萧红对萧军还有这么深的感情,看得出她心里是后悔、失望、伤心的。这张照片对她是个不小的打击,但又是必然要来的一个打击。"梅志说这是必然要来的打击,所以她就要萧红遭受这打击吗?在她面前毫无保留地展露这个打击吗?也许她只是无心之过,她和胡风真是天生一对,轻率而随便。她还自作主张地下结论说"萧红没有忘记萧军",她以为这是"深刻的余情",也许在心里还暗暗有些兴奋:"看,后悔了吧?"其实萧红并非是没有忘情于萧军,只是这张照片又唤回从前的日子——刚刚淡忘的屈辱和痛苦,这几乎是揭了萧红的疮疤。恨也罢,爱也罢,又不是白痴,记忆总会留在心上,她记着过去,并不代表她仍旧爱他。她想过自己的新生活,然而,这些多事的朋友却像鬼魂的影子时时地把她拉入过去的阴影,所以,她不得不疏远这些人。他们的好意总是伴随着无端的猜疑和臆测。

　　住得近了,梅志就更经常地在大街上见到萧红与端木:端木像往常一样斜着肩头、低着脑袋在前面走,萧红也低头隔着一段距离跟在后面,不认识的还以为他们是陌生人,认识的可能会以为他们刚刚吵了架。萧红比以前消瘦了很多,憔悴的模样看起来有些苍老,真不像还不到30岁的少妇。梅志说她再也无法把眼前的萧红与"上海时那个昂着头、挺着胸,皮鞋在大马路上踏得脆响要与胡风赛跑"的年轻北方姑娘联系在一起。再加上一个东北流亡学生也告诉梅志,萧红常常找她诉说苦闷,梅志由此得出"她是不快乐的",归结为和萧军分手的原因。其实这是萧红早期肺病患者的形象。两人没有并排走,也是因为老夫老妻了,各自有急事外出。而且,谁又是快乐的呢?敏感的人的心是爱所填不满的。

靳以用《悼萧红》一文再次印证萧红的家庭生活不快乐,端木的作派是艺术家的风度,"拖着长头发,入晚便睡,早晨12点钟起床,吃过饭,还要睡一大觉",家中一切全靠萧红照应,家务十分沉重。三毛曾在文章里写过荷西是个大男子主义的人,如果要加汤添饭,他只伸手往三毛面前一递,走路经过一张报纸,他当然知道跨过去,不知道捡起来。有时三毛病了,硬撑着起床整理已经乱得不像样的家,他也会体贴地说不让三毛整理,理由是不整理,房子又不会垮!三毛气得想拿大花瓶打碎他的头。但是,三毛并没有因此不快乐。以为沉重的家务会影响到家庭生活,这种思想太狭隘了。

端木公子哥的性格确实惹出一些是非来,惹了事又扛不了事,要萧红来收场,她虽然嘴里抱怨着——任是哪个人都会抱怨吧,因为他是自己人,她不必把不满放在心里——同时还有疼惜的感觉。

那天,端木推开窗子,发现邻居家的女佣把一双脏兮兮的旧鞋放在书桌前的窗台上晾晒——这个女佣时常把一些酱油瓶、鞋袜放在他们窗台上,让他们无法开窗透气,端木几次警告,她都不听。这次气不过,他故意猛地一推窗户,鞋子都掉下去了。泼辣女佣打上门来,操着四川话骂人,端木一把将那女人推出去,不料,她就势往地上一倒,撒起泼来。端木索性把门一关,不理不睬了。从院子里闹到大街上,小镇传得满城风雨,萧红抵挡不住,只好跑到楼上去求助靳以。靳以据此对端木产生了坏印象,后来对朋友谈起此事,愤愤不平地批评端木无事一身轻的作派;这件事也传到梅志耳朵里,"你们文学家可真行啊,丈夫打了人,叫老婆去跑镇公所,听说他老婆也是文学家,真贤惠啊"。

以端木的性格确实无法应对泼妇,如此行事倒正契合了他一向的习性,任你外面闹翻天,我自关门大吉,他关的不仅仅是房门,还是心门,早在小金龙巷住时,他不是就准备拿本书把监狱关在心门之外嘛。

这不过是很平常的家务事,却被朋友们放大成对端木的义愤,真是名人无隐私。

不为人见的蜜月生活

先入为主的思想——对端木不好的看法,对萧红不幸的无限夸大,一直影响着周围的朋友,他们却看不到另外的端倪。

胡风夫妇抵达重庆之初，萧红去看他们。萧红手执了一株一尺多长的红梅走进梅志狭小的房间，让人顿觉一阵清香扑面而来。梅志觉得她胖了，精神也好，尤其衣服特别漂亮。萧红说："是我自己做的，这衣料、这金线、还有这铜扣子，都是我在地摊上买的，这么一凑合不是成了一件上等的衣服了吗？"光彩夺目的衣服穿在身上，人也显得神采奕奕，梅志想萧红是爱美的，过去是没有时间还是没有心情打扮自己？可见萧红与端木在一起的日子是愉快的，既有闲情又有闲暇。

蛰居歌乐山拥有远离尘嚣的安宁，却让端木格外辛苦。他每天辗转三地：学校、刊社、家。早晨四五点钟就得去等候小轮，听说常常有翻船的事，萧红就不让他再去坐小轮，只许他坐汽车由大货轮摆渡，但汽车绕行很远，花在路上的时间更多了。另外，山上老鼠成患，甚至发生咬人的事件，所以两人决定搬下山。孙寒冰在复旦大学农场苗圃给端木安排了两间平房。

孙寒冰和《文摘》负责人贾开基来端木家看望，并邀请萧红也在复旦担任一两节文学课，萧红一口回绝了，让两人下不了台，端木也不会圆场，只说和萧红再商量商量。两人一走，萧红说："我怎么能去教书？教书必得备课，还要把讲义编好。这和写小说散文不一样。讲课时间长了，就会变成'学究'，要搞创作也只会写'教授'小说了。有人写小说就有学究味，我不教书，还是自由自在地搞我的创作好。"端木知道萧红崇尚的是自由，不再提，但萧红仍旧笑着说："有人巴不得到大学去教书呢，我可不稀罕教授头衔。"端木委屈地说："不去就不去吧，干吗把矛头对准'在下'呢？"萧红咯咯地笑起来，"我现在是教授家属，否则连住的地方也没有呢！"端木知道她在打趣，于是两人便笑作一团。从这时起，他们才过上不受外界干扰的夫妇生活，好似补了一个蜜月期。

秋天，他们又搬进复旦大学宿舍，那是镇上唯一一栋二层现代楼房。周围都是以读书、写作为职业的高级知识分子，不喜欢交际，萧红也很少出门，更加勤奋地熬夜写作，她白天休息，再加上窗户糊了暗色的纸，以致就住在他们楼上的作家靳以都不知道有这么一家邻居存在。胡风也住在附近，但萧红没有去看过他；胡风拜访靳以，也没有敲开萧红的门。

逢鲁迅先生逝世三周年之际，萧红着手编辑《回忆鲁迅先生》的长篇回忆录。她对端木说："我不愿意写长篇大论的文章，我觉得鲁迅先生就是在日常生活上，也随时在关心青年。我要凭着记忆，一点一滴都写下来。"此期间萧红时常干咳，人越来越消瘦，脸色苍白，精神倦怠。颠沛流离的生活影响了她的健康，重庆营养卫生条件又极差，是肺病、肠炎、疟疾高发地区，他们也曾托端木的二哥打听XX医院的事。为了不耽误写作，她只好口述，让当时在复旦大学读书的诗人姚锛做记录，然后自己整理。

《回忆鲁迅先生》编好时，萧红让端木以她的名义代写一篇后记。端木受许寿裳先生的启发写下这样一句话："关于鲁迅先生治学、思想方面，等将来有机会时，容再续写。"萧红不同意，她说你怎么敢这样说呢？她要把这句话删去，端木说："个人有个人的感受和理解，把个人的感受如实记录下来，对将来研究鲁迅先生的人，还是能提供一些有参考价值的资料的。"许寿裳也说不要删除，将来写续篇时，知道多少说多少，知道什么写什么，怎样理解就怎样写，读者还可以从你的感受中多得到一些看法呢。

萧红和端木显然是一对创作上的伙伴，经常在一起切磋讨论。他们在精神上有共通的东西，可以互相启发和帮助，一方弥补另一方的不足，一方又给予另一方清明的提醒。不像与萧军总是意见相左，各持己见，互不相让，竟然发生过文艺理念不合拳打脚踢的暴力行为。

此时，端木和萧红经济上不算拮据，家里还雇请了四川保姆，但是萧红仍旧跑进跑出，亲自下厨做饭，端木授课、编刊物、创作，繁忙辛苦，顾不上家务也情有可原，再加上他东北大少爷的作派，对家庭琐屑自然不屑一顾。端木除了写短篇小说外，年初应香港戴望舒之邀动笔写长篇小说《大江》，在《星岛日报》副刊《星座》上连载。为了活跃版面，戴望舒来信索要端木亲笔题写的小说篇名，萧红看信后提笔顺手在毛边纸上写下"大江"二字，端木见了觉得不错，就直接寄给了戴望舒。端木晚年坦承萧红的毛笔字"没我写得好，但为了留个纪念，她就题了刊头，其实我认为她的字很好的"。真有一种夫唱妇随、琴瑟相和的美满感。有端木的欣赏，萧红才自信而活泼起来，有对端木的爱，萧红才有兴致在有保姆的情况下亲自下厨煮饭。

《大江》边写边连载的方式对事务繁忙的端木来说压力很大，在写到第七章时他病倒了。端木想写信给戴望舒，说要在报纸上登载启事说明"作者生病暂停"，但是萧红说不要停止连载，由她接着写，代笔部分显然是萧红特有的风格，与端木的喜欢直述和理性的距离感迥然相异。为了纪念两人共同劳动，出单行本时端木仍然保留了萧红这部分文字，这同样成了一段作家夫妇间的趣话。

11月,萧红与端木应邀参加苏联大使馆在枇杷山举行的"十月革命纪念节"庆祝活动。他们住进重庆一家旅馆,曹靖华来看望。萧红向曹靖华打开了自己的精神世界,谈到自己的经历和屈辱。曹感叹道:"认识了你我才认识了生活……以后不要再过这样的生活了。"萧红和端木回访时,曹靖华注意到《大江》原稿上有萧红的字迹,便诧异地问:"为什么像是你的字呢?"萧红说那是她替端木抄写的。也许是因听了萧红的屈辱经历后对她生活细节上的一种敏感,曹靖华立刻有了不平的反应,坦率地说:"你不能给他抄稿子,他怎么能让你给抄呢?不能再这样。"后来人们据此也指责端木让萧红抄稿子,认为萧红给一个不比她更有才华的人抄稿子是一种浪费,一种虐待。曹靖华看到的这一段大概是端木生病期间萧红代笔的那部分文字,而萧红为了掩饰代笔的实情只好说是替端木抄写。端木的侄子曹革成说:"战时的邮路不畅通,为了防止稿件的意外遗失,当时端木请姚奔等学生又帮助抄录了一份,所以萧红代为抄写的可能性不大。"关于此事端木也予以否认,他对来访者说:"我们从来没有互抄过稿子,因为我们抄稿子时都随抄随改。"他说的不无道理,但端木在重庆期间取得重大收获,与萧红的支持、庇护和一定程度上的牺牲是分不开的。

萧红的牺牲精神是基于爱的。

但她的这种爱却被外人理解为她是被欺负、被损害的弱的一端。

靳以自从上次对端木惹祸让萧红收拾后,对端木更是看不过眼。在他们非得把萧红置于"被人欺负"的境地才能显出对萧红的同情，把萧红的生活说得非常痛苦才能表示他们的愤怒。在《悼萧红》里，靳以叙述了一个场景：一天晚上，靳以走进他们家里，萧红见他来就搁了笔，他问萧红在写什么，萧红低声回答说在写回忆鲁迅先生的文章。两人的轻声对话到底引起了端木的好奇，他一边揉着眼睛一骨碌爬起来，一边以略带轻蔑的语气说："你又写这样的文章，我看看，我看看……"而他看了一点之后，鄙夷地笑起来："这也值得写，这有什么好写？"靳以觉得当时萧红十分难堪，"你管我做什么，你写得好你去写你的，我也害不着你的事，你何必这样笑呢？"端木那在萧红、靳以听来带着轻蔑意味的嘲笑没有停止。靳以颇感不平但不好说什么，默默离开了。联想到他正在写《新都花絮》之类，靳以就觉得他更不配说萧红琐碎，靳以章在文章中说："她需要一点安宁的生活，没想到她会遇见这样一个自私的人。他自视甚高，抹却一切人的存在，虽在文章中也还显得有茫昧的理想，可是完全过着为自己打算的生活。而萧红从他那里所得到的呢，是精神上的折磨。他看不起她，他好像更把女子看成男子的附庸。她怎么能安宁呢，怎么能使疾病脱离她的身体呢？"

　　后来端木叫屈：只怪自己在最亲近的人面前太过随便，也太过粗心，不拘小节，结果伤害了对方还不自知，其实他并没有嘲笑的意思。在众多平凡夫妻之间总是互相打趣多于溢美之辞的，相敬如宾是古代遗留下来约束人的自由本性的"礼法"，平凡的夫妻本就可以如此戏谑笑骂，而端木与萧红为什么就非得要被放在公众场合评判呢？

忽然想起《霸王别姬》里的一个场景，几个人跪在红卫兵面前互相揭发。因着萧红的原因，很多人也在做着这种"揭发"，使劲地挖出一点记忆中的蛛丝马迹，然后加以发挥，归结成众人想要的样子，向着一个主题：男人给予萧红的嘲笑、蔑视和痛苦。

明着说男人的不堪，让萧红无故受伤害，往深了想，便是萧红的不堪：她不值得获得一个男人的真爱，没有一个人像捧林徽因一样捧着她，她只是附庸，满心委屈却又心甘情愿地跟在男人后面……因为遇人不淑、宿命论之类的说辞越来越没有说服力。

1939年，萧红与端木埋首写作，各自达到了一个小小的创作高峰。然而，战争再次打破他们这安静的书斋生活。

武汉沦陷，重庆也由后方变成了前线，日军大量使用燃烧弹，重庆商业街被烧成一片废墟，致使2000多人死亡，10万人无家可归。萧红从歌乐山下来，看到这些景象，无比愤慨，写了《放火者》发表在《文摘》上。

飞机在天空肆意盘旋轰炸，弄得人心惶惶，不胜其烦，萧红实在受不了这让人胆颤心惊的日子，与端木商量离开重庆，去寻找一个能安心写作的地方。端木想去桂林，那里有不少朋友，如艾青等，萧红担心桂林会一如武汉重庆，待不了多久又要转移，另外，香港有端木的两部长篇小说在连载，收入不成问题。端木考虑到此时内地抗战正热火朝天，前往香港是否会引起别人的非议。《新华日报》副总编华岗说：桂林不久也免不了遭袭，不如去香港，那里也需要文艺人才，不是没事可干,虽然消费比较高,但只要经济方面有保证就行。

1940年1月14日,二人订了去香港的机票,萧红在临江门遇见张梅林,告诉他自己和端木即将飞赴香港,并要他"别告诉别人"。因为订的是17日的机票,他们走得很急,匆匆收拾东西之后,就把处理家里的稿子和书信、辞退保姆等杂事托二哥的同学王开基夫妇来处理了。他们几乎是空着手上飞机,这是最狼狈的一次撤离,所以无暇向朋友告别,也不想让这次离开闹得沸沸扬扬,如果消息传开,怕国民党阻挠他们出行。这就有了前面所说"秘密飞港"的传闻,萧红与胡风的关系也到达冰点。

1938年11月,萧军出版了《侧面》的第一部《我留在临汾》,其中有对端木极其鄙薄的描写,也有对萧红不实的叙述,这些都影响着朋友的看法,萧红看到后很生气,想写文章申辩,被端木阻止,因为当时郁达夫公开写王映霞离家的事受到特务责难,端木是想顾全大局,别人爱说什么就由他们说去吧。而次年4月,萧军与妻子都来到了重庆,萧红没有心力应对这一强力刺激,所以更想去香港。

萧军的小人嘴脸在此可见一斑,相比之下,倒是端木的缄口不言有君子之风。

缄口不言的尊重

1940年1月17日，萧红与端木蕻良抵达香港。孙寒冰请端木为复旦大学设在香港的大时代书局编一套"大时代文艺丛书"，并可以住在大时代书店楼上，由此，他们搬进九龙尖沙咀乐道8号2楼一间不足20平方米的小房间里。

两人来港，立即引起香港文化圈的注意，他们参加了一系列的文化活动。2月5日"文协"香港分会在大酒店举行全体会员聚餐会，对二人表示热烈欢迎。4月，萧红、端木以"中华全国文艺界抗敌协会"会员身份，登记成为"文协"香港分会会员，端木被推举为候补理事，和施蛰存一起负责"文艺研究班"的工作。他们在香港文化圈迅速打开交际局面，结识了许多新朋友，时常应邀参加文艺座谈会，与学生侃侃而谈，还不断参与抗日文化活动，是非常活跃的。

但是萧红骨子里不是那种惯于应酬场面长袖善舞的交际女性，一时无法融入香港浮华、躁动的环境，不禁又陷入忧郁。她写信给白朗说："……不知道为什么，莉，我的心情永久是如此抑郁，这里的一切是多么恬静和幽美，有田，有漫山遍野的鲜花和婉转的鸟鸣，更有澎湃泛白的海潮，面对碧澄的海水，常会使人神醉，这一切不都是我以往所梦想的佳境吗？然而呵，如今我却只感到寂寞！在这里我没有交往，因为没有推心置腹的朋友。因此，常常使我想到你。莉，我将尽可能冬天回去。"萧红需要的是推心置腹的朋友，但在社交圈里只有虚浮的交往，所以感到寂寞。她竭力压制着内心的空虚，生怕自己辜负了这佳境中的安宁，努力让自己进入写作状态。这期间完成了《后花园》，写的是儿童时期在后花园里玩耍的情景，鲜花、蝴蝶，磨房里的冯二成子，是一次纯粹的精神返乡，没有她早期作品中的阶级分野，也没有战火边缘人们的挣扎，而是日常生活中的悲剧，从无望的爱和对死亡的忍耐中寻找生命的意义。

端木说，她"对创作有一种宗教感情"。

萧红开始续写在重庆没有完成的长篇小说《马伯乐》，到六七月第一部脱稿。《马伯乐》原名《马先生》，后来端木建议她改用法国汉学家亨利·巴斯伯乐的中文名字"马伯乐"，因为此人认为汉语言中没有语法概念和词性，引起中国语言学家的抨击，借用他的名字命名自视甚高的主人公贴切、生动，有反讽的效果，从这点可见端木的睿智和理性，与萧红相比，端木更像个博学的学者，他的写作既不是萧军那种"崇高""飞扬"式写作，也不是萧红式凭感受和灵感写作，最贴近萧红所谓的"文人气"。

萧红写完《马伯乐》第一部后又开始写她最为人所乐道的《呼兰河传》。然而，病痛又来折磨她，香港湿热的气候不利于肺病，也不利于端木的风湿病。再加上香港时局也开始不稳，端木和萧红打算离开香港去昆明或者桂林，但香港局势一好转，他们又决定住一段日子。但凡人都有这种寒号鸟心态，萧红的去去留留让梅林很不解，说萧红在信中提到要回大陆，日后来却又没动静了。

留居香港还有一个坏处，就是与以前的朋友的关系逐渐生疏，不负责任的流言四起。胡风致信艾青说：汪精卫去了香港，端木也去了香港，并在香港安了一个"香寓"。端木生性孤傲，对胡风这些流言不太往心里去，他认为胡风之所以有此流言，是因为自己未向其所主持的刊物投稿之故。也是这种自信让他对流言不屑一顾，但萧红极其看重朋友，听到这些言语尤其受伤，甚至对人与人之间的关系产生了虚无感，她在寂寞中致信华岗，说到胡风致许广平信中那些话让她很受伤，但后来又表现出男子气概的大度与达观，觉得自己太孩子气，对胡风的"侮陷"抱以比较宽厚的理解。萧红甚至认为胡风是因为对他俩感情上疏离的抱怨，因为她与胡风的交往比端木与胡风交往更深厚。

圣诞节前夕，萧红一个人带着蛋糕赶到朋友周鲸文家里祝贺，走了一段山路，然后又要登楼梯，进门后她气喘吁吁，周氏夫妇没想到她的身体这么虚弱，而且诧异地问端木怎么没陪她来。其实，他们到朋友家拜年，有时候是分头去，但是，周氏夫妇由此开始注意观察端木、萧红之间的关系，得到的印象是端木不太关心萧红。周鲸文认为："端木虽系男人，还像小孩子，没有大丈夫气。萧红虽系女人，性情坚强，倒有男人气质。所以，我们的结论是：端木与萧红的结合，也许操主动权的是萧红。但这也不是说端木不聪明，他也有一套软中硬手法。端木与我们往来较频，但我们在精神上却同情萧红。"

端木给周氏夫妇的印象是"性情不太随俗，落落寡欢"，而这种不太随俗是从不讨众人喜的，所以周氏夫妇会站在萧红一边，觉得他冷落了她，她生活在他的冷漠中很可怜。

1981年6月25日，美国学者葛浩文采访端木时问："外间对您与萧红的相处，似乎颇有微言，作为当事人的您，可否就此事作一澄清？"

端木回答说："关于有人肆意歪曲事实，其实，也很容易理解。一对夫妇天天吵架，不可能和他们的创作成正比例。或者说，夫妇不和绝不是创作的动力。排比一下我们的创作产量、质量，这个问题就会迎刃而解的。"的确，从萧红生病之前这段时期的创作实绩来看，可谓进入巅峰（她最重要的几部作品都是于香港期间完成的）。即便萧红生病期间，柳亚子也曾亲见"有些大孩子气，偶尔会撒一下娇"的端木侍奉于病榻之前的情形，因"感其挚爱之情，不能弥忘"而写下"文坛驰骋联双璧，病榻殷勤伺一茶"的诗句。

面对各种批评、指责甚至谩骂，端木都不置一词，很少争辩，倒是他的侄子曹革成与后来的妻子钟耀群在为萧红写传记时常常为之正名，但因有包庇亲人之嫌和正名之心过切，效果不佳，甚至适得其反，钟耀群的《端木与萧红》就被人（乔世华）指责为"一部不实之作"。

只因为端木有过一次撇下萧红先从武汉撤退的经历给人留下的坏印象，就把再次从香港突围他遗弃萧红想自己先走当成了事实？尤其不可饶恕的是，萧红死在香港，仿佛就是死在他的手上，像骆宾基嚷道："萧红是被他（端木）气死的。"骆宾基在《萧红小传》中记载，1941年12月9日，端木将萧红在思豪酒店安顿好之后，见有骆宾基照顾就离开了，七八天后才回来。在这几天当中，萧红曾经充满恐惧地对他说："端木是预备和他们突围的，他从今天起，就不来了，他已经和我说了告别的话……"她对端木将她遗弃独自突围感到深深的失望。事实是端木初时有突围的打算，后来因萧红的病日渐加重，改变了主意。萧红在无助和恐惧之中,猜疑端木抛下她自己离去也情有可原。

但是骆宾基抓住这一点攻击端木,他的这本传记成了人们讨伐端木的利器,骆宾基是最后陪伴萧红的人,作为当事人,他的说法影响极为深远,而且他也是第一个为萧红立传的人,人们很容易对他的意见先入为主,这就让人相信了他对端木的"中伤"言辞,怀疑端木对萧红的情感是虚假的。

接受葛浩文访问时,谈及这段经历,端木什么也没说,却放声痛哭。直到与世长辞,他都没有对此作出解释,也许,这是他无法说出的秘密。直到2009年11月,萧红研究者章海宁访问端木夫人钟耀群,才明白那个秘密究竟是什么:端木确实离开过萧红大约一周的时间,至于离开的原因,说到这里钟耀群同端木当年一样哭了起来,"端木多年来一直不愿意说,因为端木回酒店时发现了骆宾基与萧红的私情,他的感情受到了伤害,他在愤怒中跑了出去。但后来端木想到萧红在病中,他不忍心丢下萧红,又回到了萧红身边。端木对萧红非常敬重,他不愿意再提及此事而伤害萧红"。可见,端木的内心隐藏着多少无法言说的委屈和尴尬。

他为萧红保留了尊严,关于三者之间的这段隐私至死只字不提,不由让人想起桑弧对自己与张爱玲的情感过程缄口不言,那种尊重有种凛然的正气,而骆宾基为了炫耀自己,肆意贩卖萧红最后的情感秘密,有损萧红的形象和尊严不说,实在有点可笑甚至可鄙。

端木没有在关键时刻离弃萧红,而且,萧红也不是被端木

"气"死的。

多年辗转流徙，加上两次非正常状态的生产，严重损害了萧红的健康，她在重庆期间就可能已染上肺病。前面的男人遗留下来的这笔账，怎么可以全算到端木头上？可以借用马龙·白兰度说过的一句话："当一只海鸥从2000人头上飞过，谁知道它掉下的羽毛会落在哪里？"第一个男人抛弃她，第二个也抛弃她，他们给她的伤痛累加到此时已经超出负荷，何况萧红奋力写作，她身上的一些病越发严重，她常常失眠、咳嗽，此前为治疗妇科病，此次为治疗痔疮而再度进入玛丽医院。经过全面检查，确诊萧红已患上肺结核，院方以打空气针这一新式疗法力图为她根治，不想萧红身体过于虚弱，治疗几次之后，彻底卧床，且身体其他病灶也都在逐渐显露。养病期间，她耐不住一个人在医院的寂寞，自作主张回家静养，导致病情恶化。

她的这种任性、倔强也是导致她悲剧命运的根源。

1942年1月12日萧红住进养和医院，医生诊断结果为气管结瘤引起呼吸不畅，必须立即手术摘除。面对医生的治疗方案，端木坚决不同意，因有二哥的例子，他深知结核病人不能手术。但是被病痛折磨久了的萧红，自己在手术单上签了字，急于挣钱的医生不再理会端木的意见，草率为之手术。术后发现是误诊，病情迅速恶化，加之战时医疗条件差，导致萧红更快地走向死亡。

除医生的误诊之外，萧红是否应该对自己的草率急躁行为负责任呢？

萧红逝世后,为了给她最后的尊严,端木将她单独火化并将骨灰分两处,分别埋在圣士提反女校和浅水湾——在被日军占领的香港,做到这些非常不易。

除了对萧红的情感秘密缄口不言,端木还竭力维护萧红的声誉。据曾任老舍秘书的葛翠琳《沉默》一文记载,在"反胡风"运动之初,端木被认为目中无人,领导多次找他谈话,让他交待问题,端木一直沉默。当说到"很清楚,萧红就是胡风分子,你还能逃脱吗"时,端木的神情骤变,脸孔扭曲,嘴唇颤动,发出陶瓷碎裂般的声音,刺耳而惊心:"鞭尸是封建帝王的做法!我自己,无论是坐牢、枪毙,由你处置。但我决不许污蔑萧红!"说罢全身瑟瑟发抖,在领导"你坐下"的吼声中,径直走出办公室。

这便是被人们一致公认为"弱"的端木!

我曾在三毛一书中引用曹丕的文人无行,了解了端木才多了一层认识,曹丕口中的"文人"是帮闲的文人,并不是时不时舞文弄墨就算得上文人了,真正的文人是有建安风骨的,他们不屑于与流俗对话。文人的倔强是阴柔的,比刚强的莽夫更有韧性。

写到这里的时候,我第一次觉得伤心。

萧红最后的选择没有错,然而她自己却怀疑、摇摆。这是她的悲哀之处。爱了那么多人,都是错,终于爱对了的时候,她却要怀疑了。她不该怀疑端木的人格,更不该像抓住救命稻草一样抓住又一段爱情。

落红无语对萧红

萧红死后，端木18年未娶，独卧青灯古佛旁。多年以后，他带着他在萧红临终前剪下的一缕青丝来到她的墓前（1956年，萧红墓从香港移到广州银河公墓），吟诵出积聚内心的孤独、思念、忧伤：

生死相隔不相忘，落月满屋梁，梅边柳畔，呼兰河也是潇湘，洗去千年旧点，墨镂斑竹新篁。

惜烛不与魅争光，箧剑自生芒，风霜历尽情无限，山和水同一弦章。

天涯海角非远，银河夜夜相望。

在苏轼看来是十年生死两茫茫，而端木则是"你从未走远，隔了银河我们夜夜相望着"。

他是唯一一个没有想过要抛弃萧红的人，因为承诺，因为习惯，因为同情，因为尊重，他不要再让萧红遭受从前被抛弃被侮辱的命运，然而更多是因为端木在婚姻选择上像纳博科夫，"他经常选择最便捷的伦理之路，就像他经常选择荆棘最多的审美之路一样，这仅仅是由于那是通往他选定的目标最短的一条路"。所以纳博科夫在生活中的一次"出轨"中，放弃了迷恋的情人回到习惯的妻子的身边，而端木也是选择了最便捷最简单的婚姻，这种"被选择"没有追求，没有挑战，他是自然而然地被动地接受了毫无准备的婚姻，也许这便是自植的苦果。他不像鲁迅坚持不要不是自己的选择，且坚持守候自己的选择。他从来没有选择过。他所坚守的只是作为一个人，一个正人君子的原则，对萧红，与其说是一种爱，不如说是一种责任，所以萧红在他的身上感觉不到萧军那种狂暴的热情。尽管他温柔体贴，懂得尊重，给予她自信，但只有狂暴的热情才能真正消弥距离，淡如水般的表情永远无法证明你的"在乎"，所以萧红偶尔忍不住表达自己的不满：

在玛丽医院时，萧红因海风吹得受了凉，恳求医生给她打止咳针，因为是三等病房，医生很不耐烦，且护士也给予冷视，萧红想她会死在这些冷视者的手里，所以一再要求出院。医生说："等到明天你丈夫签了字，领你出去！"她抱怨端木只听医生的话，不会真诚地为她着想，"若是萧军在四川，我打一个电报给他，请他接我出去，他一定会来接我的"。

另外，胡风在周恩来的安排下到达香港，来看望病中的萧红，萧红很兴奋地说："我们办一个大杂志吧？把我们的老朋友都找来写稿子，把萧军也找来。"她又说："如果萧军知道我病着，我去信要他来，只要他能来，他一定会来看我、帮助我的。"以致胡风从她对萧军的惦念猜疑到她目前的生活不好，对端木的成见再次升级了，而站在旁边的端木似乎也露出了尴尬的不快。

这不但表现了萧红的寂寞和不快乐，也表现了她对端木的无视，她的任性和只顾表达自己想法的行为，对端木来说是残忍的。

萧红的委屈被一再放大，端木被肆加讨伐；那么端木的委屈呢？

《牛虻》中的亚瑟对神父说："你既已选择，难道还要为你自己的选择而忏悔吗？"每个人都要偿付因自己的选择而产生的结果，所以端木从来不表达自己的委屈，不抱怨，有人说与端木相比，萧红更有男人气概，这完全是假象，萧红的诉说、抱怨、种种的不满全都是小女人的习性，而端木沉默、洒脱、不计较才是深沉、豁达的男子的基本特征。

萧红与与端木在一起的日子确实不如外界传闻的那么痛苦不堪，但也不是钟耀文和曹革成说的那样美满恩爱。世上夫妻又有多少是美满恩爱的，或者那种神仙眷侣原本就只应天上有，而夫妻间的种种问题从来不只怪一方。一种性格种植一种命运，每个人都得为自己的命运负责。相比较而言，端木的接受比萧红的抱怨更明理。

第5章 萧红与骆宾基

我将与蓝天碧水永处,留下那半部《红楼》给别人写了。半生尽遭白眼冷遇……身先死,不甘,不甘。

——萧红临终写在纸上的话

青年作家骆宾基在萧红生命的最后44天里,在炮火声中一直陪伴守护着她。萧红弃世后,骆宾基完成了《萧红小传》。

她又遇上了骆宾基

在香港期间，端木事务非常繁忙，要做《时代文学》的编务工作，又要写作连载的《大时代》，而且他的腿的风湿瘫痪症也不时发作，所以只好请他的助手袁大顿帮忙照顾萧红。来探望萧红的友人很多，茅盾、巴人、骆宾基等，袁大顿替他俩接待客人，买药物等，有时一天要到街上跑几趟。

后来袁大顿回东莞结婚去了。

此时太平洋战争爆发，九龙陷入一片恐怖和混乱中。

轰炸声刺激着萧红的耳膜，引起剧烈的头痛，她捂着耳朵偎依在端木怀里，一步也不放他离开。

端木要办的事情很多，要到银行取款，物价暴涨，急需买大量食品，但港英当局下令粮食统购，一个小时不到，各种食品店的面包被抢购一空。他分身无术，为了使萧红的情绪稳定下来，他只好求助友人柳亚子。正巧，骆宾基打电话来说香港要打起来了，他准备回内地去，特向端木辞行并致谢。端木想骆宾基光杆一人，不如请他留下来帮忙照看一下萧红，以后可以一起走。骆宾基爽快地答应了，毕竟端木与萧红曾经帮助过自己。骆宾基刚到香港找不到工作，困居旅馆，他打电话给端木说自己是内地来的作家，并讲述了自己的困境，请求给予帮助。端木看过他的一篇《边陲线上》，又是东北同乡，就托关系让他住进时代书店的职工宿舍，还撤下自己在《时代文学》长篇连载的《大时代》，换上骆宾基的小说，解决了他的生活问题。萧红也为他这部《人与土地》设计了刊头画，肥大的高粱叶子像树林一样茂盛浓密，他很是感激。骆宾基在上海的时候曾与张秀珂有来往，作为弟弟的朋友，萧红对他怀有亲近的感情。

傍晚，骆宾基到达萧红住处，恰巧地下党人于毅夫也来了，他们用床单做担架，抬萧红出门，又雇了两辆人力车，进了思豪大酒店，端木安排好萧红，和于毅夫出去打听情况。周恩来致电尽快接出滞港的进步文化人士，端木起初是打算跟地下党的组织撤退的，回来把这个决定告诉萧红后又匆匆走了，端木以为有于毅夫等人负责，又请骆宾基照顾萧红，不会没人管她的，所以才放心离开去忙碌别的事情，但这伤了萧红的心。曹革成在其书中说，端木除了取款、筹钱，联系医院，与人交涉等外，还回到住处整理萧红和自己的东西，诸如《呼兰河传》《马伯乐》《大时代》等手稿，以及萧红的一枚印章和许广平送的几颗红豆。这时期唯有骆宾基陪在萧红身边。

直到萧红逝世，骆宾基陪在萧红身边44天，不离左右，不管怎么样，骆宾基在众人都急着逃亡之际留下来照顾萧红，一直陪伴她走到生命的尽头，也见出他的仗义，不得不让人感动。但是，他在《萧红小传修订版自序》中写下这样一段话：

从1941年12月8日太平洋战争开始爆发的次日夜

晚,由作者护送萧红先生进入香港思豪大酒店五楼以后,原属萧红的同居者对我来说是不告而别。从此之后,直到逝世为止,萧红再也没有什么所谓可称"终身伴侣"的人在身旁了。而与病者同生死共患难的护理责任就转移到作为友人的作者的肩上再也不得脱身了。

表面看是写尽了端木蕻良的不负责任,但仔细推敲却又暴露了骆宾基自己的内心,"再也不得脱身了",他对端木把护理责任推卸给自己是多么愤怒和不情愿,在这里,他所标榜的对萧红的深情和挚爱变得华而不实起来。

对骆宾基来说,萧红很可能是包袱。

骆宾基要到九龙去抢救他的小说稿《人与土地》,那是他用两年时间在桐油灯下写出来的。萧红躺在床上说:"那么你就不管你的朋友了么?"骆宾基说已经帮她安排好了,而且他认为端木只是临时出去,萧红不至于没人管,但萧红却说:"你朋友的生命要紧还是你的稿子要紧?"这种咄咄逼人的问句似乎有埋怨的成分,骆宾基真诚地说:"那——我的朋友和我一样,可是我的稿子比我的生命还要紧。"萧红见难以留住他,转过脸去,又说了一些"崇高精神"之类的理论话语,"对现在的灾难,我需要的就是友情的慷慨!你不要以为我会这个时候死了,我会好起来的……和萧军的分开是一个问题的结束,和端木又是另一个问题的开始……我早就该和端木分开了,可是那时候我还不想回到家里去,现在我要在我父亲面前投降了,惨败了,丢盔弃甲的了。因为我的身体倒下来了……"她和端木在一起只是因为"还不想回到家里去"。

"端木是准备和他们突围的。他从今天起就不来了,他已经和我说了告别的话……你的责任是送我到上海。你不是要去青岛么?送我到许广平先生那里,你就算是给了我很大的恩惠。我不会忘记。有一天,我还会健健康康地出来。我还有《呼兰河传》第二部可写……"这再次印证萧红是一个求生欲望很强的人,说到"责任"和"恩惠",一个是威逼,一个是利诱,她企图把骆宾基留下来,接着诉苦以引起他的同情,"他么?各人有各人的打算,谁知道这样的人在世界上是想追求什么?我们不能共患难。"不知道是不是端木恰巧听到了这些话而伤心地离开了呢?

萧红甚至向他示爱,不然骆宾基也不会在《萧红小传》里说,如果她活下来会嫁给他。叶细细说:"在被弃后,萧红很被同情,可是在同情之余,不免让人对她的爱情态度产生怀疑。这一时的萧红根本还不会爱,她只停留在生存阶段,怎样生存下去才是硬道理。"骆宾基果然被打动,留下来一直陪着萧红。他们倾心交谈,谈到鲁迅,谈到中外文学名著,谈到各自的经历,还有对端木的抱怨如泉水般汩汩涌出,这让骆基宾感到奇怪,问她怎么和这样的人在一块共同生活了三四年呢?她说:"筋骨若是痛得厉害了,皮肤流点血也就麻木不觉了。"

这是一个什么样的女人?原来她并不爱她身边的人,因为不懂得爱,所以萧军搭救了她,她就怀着孩子再次交付自己的身体,难怪萧军不尊重她;因为端木尊重她,而萧军要转手,她就又嫁给端木,她凭着本能,一场恋爱接一场恋爱地谈下去,每一场恋爱又都让她失望,"消停一阵,欢天喜地又谈下一场去了",魏微说:"就像一盆水泼出去,任由它自己流,她不过是遇上谁就是谁,遇上萧军是萧军,遇上端木是端木了。——后来她又遇上了骆宾基,生命的最后一段,就是这个年轻人陪她度过的。"

正与骆宾基抱怨到极处,端木走进来,两个人同时吃了一惊。

萧红问他:"你不是准备突围吗?"

"小包都打起来了,等着消息呢!"就是端木这一句话印证着他是准备突围的,但是他的突围并不能说明是他要自己一个人走啊。萧红以为他要一个人走,所以给骆宾基传递了错误信息,骆宾基也以为端木要抛下萧红自己走,骆宾基又给大众读者传递了错误信息。萧红的一个多疑就制造了端木的一个"不可原谅"的罪过。

据周鲸文说,12月中旬,炮火越来越激烈,端木看萧红病得厉害,大约和有关人士沟通协商,取消了撤退的计划。可见,他的突围是要与萧红一起的。这一取消,萧红颇感安慰,情绪也稳定下来,除了迫不得已,她禁止端木外出。端木大概也理解她这种因恐惧产生的霸道的孩子气的做法。

萧红病势加重,朋友和同事分批离港,端木可以求助的机会越来越少。随时都可能有生命危险,十几里、几十里地来回穿梭,他到处打听开业的医院,终于在跑马地发现养和医院开门收病人了。

从跑马地到皇后大道一带气氛非常恐怖,行人如惊弓之鸟,经过岗哨不敢正眼相视,几个人走过,立即就有士兵搜遍全身,为了兑换军票,给萧红筹措住院的费用,端木在这样恐怖的气氛中往返多次。

即使这样，一听骆宾基要找个安静的地方好好睡一觉，萧红还让端木回避，单独对骆宾基说，要请他护送自己回上海，回时代书店休息一会儿是可以的，但绝对不要离开香港回九龙。她要的是双重保险？还是要留下骆宾基，兑现自己的诺言，给予他一定的报酬呢？

捱不过多愁多病身

由于养和医院医生误诊，萧红自己签字开刀，手术后，端木闯进手术室发现手术盘里并没有割下任何东西，他立刻感觉上当。跟医生理论也没有用处，又怕增加萧红的心理负担，他只好硬着头皮面对这个现实。萧红苏醒过来说："我胸疼，是不是我的胸？"端木眼睛红了，他们同时产生了不祥的预感。萧红说胸疼，大概和她的母亲姜玉兰一样，患的是心脏方面的疾病。战争的惊吓，长期的焦虑，都可能引起心血管的病变，也会导致呼吸困难，呼吸道感染才会喉头肿大，所以才会误诊为喉头结瘤。

黄昏时分，躺在病床上的萧红的精神还是好的。

端木和骆宾基坐在酒精蒸汽炉旁，萧红平静地靠在病床上说："……我本来还想写些东西，可是我知道我就要离开你们了，留着那半部红楼给别人写去了……你们难过什么呢？人谁有不死的呢？总要有死的那一天，你们能活到80岁吗？生活得这样，身体又这样虚，死算什么呢！我很坦然的。"

她又安慰骆宾基说："不要哭，你要好好地活，我也是舍不得离开你们呀！"自己说着眼睛也湿润了，低声说："这样死，我不甘心……"站在床边的端木哀哭着说："我们一定要挽救你。"他痛哭着把骆宾基招呼到门外，商量办法，此时，两个人终于站在同一战线上，为了共同的亲人紧紧握手、拥抱。

他们只想尽快逃离这个草率对待生命的医院（医生是救人的，但有时候也是最可怕的，因为你要毫无知觉地把自己的生命交到他手上），所以准备搬到已住习惯的玛丽医院。

端木出去找车，萧红见一直守护着她的骆宾基醒来，打手势要笔，她在纸簿上写道："我将与蓝天碧水永处，留下那半部《红楼》给别人写了。"骆宾基劝她不要这样想，她示意他不要阻拦她的思路，接着写道："半生尽遭白眼冷遇……身先死，不甘，不甘。"写完后把笔扔在一边，脸上露出微笑……

在玛丽医院的病床上，萧红自知生命难以挽留，遂向端木交待后事。她最重视的是自己的作品，要端木加以保护，将来不要让人随意删改，所有版权都由端木负责，还立了字据，端木无法接受萧红将死的事实，也不想让萧红有死亡的阴影，顺手把字据撕掉了；萧红视鲁迅为恩师，如果条件允许，希望能埋在鲁迅先生墓旁；等将来有条件了，希望他去哈尔滨找回她和汪恩甲的孩子；最后一件事就是怎么酬谢骆宾基，两人经过商量，决定把《呼兰河传》的版税赠送给他，并当面告诉了骆宾基。

但是，这件事却引出了一场端木与骆宾基的《呼兰河传》"版税之争"。

据孙陵透露，骆宾基曾对其扬言："萧红临死的遗嘱要把《呼兰河传》的版权送给我，《生死场》送给她的弟弟，《商市街》送给萧军，只有端木，他什么也没有！"并目睹了端木与骆宾基的争吵，端木陪骆宾基一同到桂林上海杂志公司结算《呼兰河传》的版税，第二天孙陵就发现骆宾基用之添加了高档棉被和蚊帐，而且露出"得意洋洋"的神色。

关于《呼兰河传》的"版权之争"一时众说纷纭——萧红大概不会想到口口声声说爱她的两个男人会为了她的版权而产生纷争吧，不得不让人怀疑那"爱"里有多少真实的成分，有多少利益的成分。骆宾基后来也觉得此事不雅，又否定了自己跟端木闹翻是因为版权的事情。

端木对葛浩文的解释是：在养和医院做完手术后，萧红与他商量要给骆宾基一些报酬，以报答他战时长时间冒死相陪的恩情。萧红想把《生死场》的版税给骆宾基，但是他觉得这本书篇幅不长，又再版多次，加起来版税也没有多少，不如把《呼兰河传》的版税送给骆宾基，因为是新书，篇幅长，再版机会也多，版税也相对丰厚。所以他们决定把《呼兰河传》的版税送给骆宾基，而不是版权。

端木的说法更加合理，也许是骆宾基把版税误会成了版权。很多人对端木有恶感，所以更相信骆宾基的话，但是在骆宾基和端木发生"版权之争"的桂林，与端木有过一段密切交往的音乐家马思聪，于1975年给夏志清的信中说，与端木认识以后,"我想端木的为人并不是一个存心不厚道的人"。

骆宾基处处中伤端木,不但宣扬端木对萧红不好,还刻意强调萧红对自己产生了感情,许诺病好后就嫁给自己。一方面出于对端木把负担转给他的愤怒,一方面是要坐实"端木什么也没有"的证据。他在《萧红小传》里有选择性的记述对读者也是一种欺瞒,关于骨灰的处理就有许多不实叙述。不过,1957年萧红墓由浅水湾迁至广州银河公墓,证明了萧红逝世后端木所做的种种努力。

1942年1月22日,萧红一会儿清醒一会儿迷糊,已经完全不能出声了,她用力在纸上写下"鲁迅""大海"几个字。之后陷入深度昏迷,苍白的脸色逐渐灰暗。萧红拼尽力气逃亡、抗争、追寻,结果还是满怀遗憾地告别了她所留恋的尘世,这时,她只有31岁。她给人留下的印象是:苍白瘦削,早生华发。无论如何,面对此情此景,不得不让人落泪,张学铭,张廷枢,还有《时代批评》的同事都来了,惋惜地说:"花了很多人力物力,竟没能救活萧红……"忘年交柳亚子曾亲自出面,特地请周鲸文吃茶,希望他能多资助些钱开销萧红治病的费用,周鲸文表示义不容辞;史沫特来临行前也资助了一些钱;于毅夫代表香港地下党又筹措了一些药费……

萧红临死前还说过一句话:"我一生最大的痛苦和不幸却是因为我是一个女人。"萧红的一生都是在逃离,一路的奔逃,仿佛没有家,为了求学而抗争,为了生存而奋斗,为了情感而挣扎,为了疾病而遭受折磨……她的一生,是悲苦的一生,就像她常在文章里叹问:"人生何如,为什么这么悲凉?""人生为了什么,才有这样凄凉的夜?"最最不善于也不推崇同情的我,也要为她发出一声叹息。

女人,不该因为自己是个女人而接受不幸的命运,西蒙·波伏瓦说:"一个女人之为女人,与其说是天生的,不如说是'形成'的。没有任何生理上、心理上或经济上的命定,能决断女人在社会中的地位,而是人类文化整体,产生出这居间于男性与无性中的'女性',女人是男人用确定自己存在的参照物,是一种补偿性的事物,是男人的理想和神话,而唯一不是的便是她们自己。"女人不是生来就处于第二性的位置,是男人的决断和女人的拱手相让才使她们自己失去了主动性的权利,成为补偿性的事物,萧红临死都没明白这一点,她的不幸不是因为她是个女人,而是太把自己当成男人所界定的女人。可见她的男权意识也是非常之深的,这在《生死场》中也有所体现,当斗争出现,能够顶天立地、大喝一声的还是男人。也许是萧红在生活中遭受的性别歧视多于常人,所以"对自己作为女性的性别标识尤其敏感"。她曾经写道:"女人真是倒霉,即使进公园也要让人看来看去。"看一眼又怎么了呢?为啥林徽音、陆小曼不怕看?因为她们自信,看也是因为她们好看,而萧红自觉得别人看自己,是用异样的眼光,而不是欣赏的眼光,所以萧红更加囿于自己的女性性别意识里而自叹自怜。

萧红死后,诗人戴望舒在叶灵凤的陪同下来到浅水湾,在她的墓前献上了一首小诗:

走六小时寂寞的长途,
到你头边放一束红山茶,
我等待着,
长夜漫漫,
你却卧听着海涛闲话。

　　戴望舒的墓前凭吊又引出一句令人的遐想的话:"一位和她有着相同经历,一生三次被女友抛弃……"因为同病相怜,所以注重"被抛弃"的背景吗?戴望舒不会想到自己对萧红的拜望会牵扯出他三次被女友抛弃的经历吧,这并不是值得炫耀(当然也不是需要自卑)的经历,却又一次符合了人们的"怜悯""施以同情"的心理需要,所以连萧红死后,人们也不放过强调她三次被抛弃的遭遇。

第6章 萧红的文学世界

　　萧红的力作将因它们历久常新的内容及文采,终究会使她跻身于中国文坛巨匠之林。

——美国汉学家葛浩文

31岁就离开人世的萧红,在短暂的一生中,留下充满非凡才情的近百万字的作品。

《生死场》中的失语

在传统概念中,小说或写人物或写故事,萧红的小说人物模糊,情节松散,刚开始被人们怀疑不像小说,茅盾在《呼兰河传》序文中说:

> 也许有人会觉得《呼兰河传》不是一本小说。他们也许会这样说:没有贯串全书的线索,故事和人物都是零零碎碎,都是片段的,不是整个的有机体。也许又有人觉得《呼兰河传》好像是自传,却又不完全像自传。但是我却觉得正因其不完全像自传,所以更好,更有意义。而且我们不也可以说:要点不在《呼兰河传》不像是一部严格意义的小说,而在它于这"不像"之外,还有些别的东西——一些比"像"一部小说更为"诱人"些的东西:它是一篇叙事诗,一幅多彩的风土画,一串凄婉的歌谣。

是诗是画是歌谣,唯独不是小说,难怪萧红要站出来争辩:小说有各式各样的写法。她没有写单个的人和完整的故事,而是在写人的生存状态,这种碎片式拼结有点像王家卫的电影，只是王家卫情到深处释放出来的都是诱惑，而萧红是冷静的，这冷静又与张爱玲不同。张爱玲与钱钟书都是聪明人，难免对笔下的人物刻薄、促狭，萧红是渗入其中，站在大地上观看大地上的人，非于高处的俯视，她与角色平行。她与人物、牲畜甚至庄稼贴得很近。

正如端木的感叹"北方是悲哀的"，北方因其荒凉、愚昧、迟钝而显得悲哀。

由于这种迟钝，更由于"话语是最没有价值的，人正说话间那意思就已经走样了"，整个世界都处于一种无法沟通的对话之中。所以萧红略去话语，用场景完成对话。

天与地、人的对话，人与动物、自然的对话。

《生死场》以一只羊为开端——这让我想到《小王子》的开端，一只画在盒子里的羊，为避免它跑出来吃了玫瑰，却从未想过它何以为生，它无法逃遁，萧红的羊却是偷跑出来的，嚼着榆树根，累了就睡在树荫底下，在天地间随遇而安。这是动物与天地的对话。

接着，寻羊的人便出现了，仿佛一组电影镜头，由近至远，那天边走出一个小孩来，在菜田里踱步，接着农夫也出现了。这是人与自然的对话。

当跛脚的二里半问儿子找到羊没有，他说没有，这是人与人第一次对话。简短，简短得只能说明事实。

镜头一转，进入二里半家的小院，小院里坐着麻面婆，她与丈夫和儿子的对话，一会儿是一只母熊，一会又发着猪的声音……也是因为这种蠢笨，让她无法回骂丈夫，无法与邻人拌嘴，"像一摊蜡消融下来""心像永远贮藏着悲哀似的"，这种失语的状态并非她一人独有。

失语把悲哀推向惨烈，活着的人一个个都不想再活了：

"快给我的靴子！"男人用手撕扯着帐子，吼着："装死吗？我看看你还装不装死！"大肚子的女人满身冷水无言地坐在那里。身边若有毒药，她将吞下去。

"你的腿觉得有点儿痛没有？""牙怎么绿了？"王婆问摊在床上的月英，她说："我是鬼啦！快些死吧！活埋了吧！"

王婆就干脆真服毒了。"披着散发，幽魂一般地在柴草上，手中的杯子放到嘴边。一切涌上心头，一切诱惑她。她平身向草堆倒卧过去。被悲哀汹淘着大哭了。"

福克纳说，人之永存是因为他有灵魂。他在诺贝尔文学颁奖典礼上说："我们今天的悲剧是人们普遍存在一种生理上的恐惧，已经忘记了人类内心的冲突……他不是写爱情而是写情欲，他不是在写心灵而是在写器官。"

在很多人看来，萧红笔下的人物几乎等同于没有灵魂的，如此便是"不是写爱情而是写情欲，不是在写心灵而是在写器官"。但是我们分明看到她小说里的人物有着巨大的心灵冲突（悲哀、痛苦得要死去），只是无法言说。

人是都有灵魂的，只是层次不同，精神生活比较高端的人越加敏感，萧红的人物囿于生活而日渐麻木。有人拿萧红和伍尔夫对比，认为她们的小说技巧很多类似，但伍尔夫所塑造的人物所表达的主题比萧红要深刻得多，这是因为精神化的人的口味越加细微（尼采语），萧红描写的人显然不是精神化的人，他们的精神生活少得可怜。似乎是因为素材的劣势，但又不能全部归咎于素材的劣势，比如福克纳、鲁迅都写底层人物，但他们的作品就具有更大的震撼力，这是因为：即使只是写一群人的生存状态的略图，萧红与其比较，也没有挖掘出深层的民族文化心理，只停留在"人们的愚昧"的表现上，没有进一步思考愚昧的历史渊源。

　　但写法新颖别致，这种前后没有因果关系的碎片拼结式结构给人新奇的审美感受，她用一种暗含的"同义"把一个个精挑细选的场景电影镜头般推出来。我觉得"略图"倒并不是贬义词，甚至可以作为小说的一种写法，像绘画一样我们不会厚工笔而轻素描。没有必要事无巨细地详细描写，如寓言小说便是这样，只提出一个侧面；至于写抗日那一段，都认为萧红在写不熟悉的题材，所以写得突兀而不真实，她没有必要去正面描写抗日的种种细节，只牵出自己知道的一个侧面就可以了。这毕竟也是东北农村不可忽略的一个点，是关于对生的抗争的一点亮色，而非仅仅是对主旋律的迎合。

　　《生死场》最使我感动的是人与动物的感情，老马走进屠场那一节，满院在蒸发腥气，在这腥味的人间——血腥的人间啊（萧红在此一语双关指出人间的气味）——老王婆快要变作一块铅块了，沉重而没有感觉。等她跨出大门，马又跟在后面，它什么也不知道，仍想回家。它在无知无觉的情况下终于被哄骗着睡在屠宰场了，面对屠刀梦着家的棚屋的情景该是怎样令人心碎……看过一些评论，对二里半舍不得那只羊而在抗日宣誓的日子用一只鸡换回羊的看法颇不以为然，他们说是他小气，后来觉悟了，舍下羊去革命了，我认为他不是小气，是对羊有一种古老的感情。（这只羊在小说开头即已出场，贯穿全篇似乎成了一种隐喻，一种与二里半的联结，像把老马送到屠宰场一样，他的山羊将被供献在祭桌上，二里半是"可笑的悲哀的形色跟着山羊走来，他的跛脚仿佛是一步一步把地面踏陷。波浪状的行走，愈走愈快！他的老婆疯狂地想把他拖回去，然而做不到，二里半惶惶地走了一路"。）但是他无法表达这种感情，只低头敛声用鸡换了。

人与人无法对话，与动物的对话就变得重要起来，内心的孤独从这种对动物的需要上无限放大。

《呼兰河传》中的情调

隔山隔水望回去，《呼兰河传》带上一种凄迷的色彩。何况又是儿童视角，不但有空间跨度，还有时间，回忆，给人一种虚幻之感。张爱玲说，回忆这东西若是有气味的话，那就是樟脑的香，甜而稳妥，像记得分明的快乐；甜而怅惘，像忘却了的忧愁。《呼兰河传》涵盖了萧红的全部乡愁，正是甜而怅惘的快乐。

这部小说与《生死场》一样，时间破碎模糊，直接用场景结构，用镜头推出，情节淡化，人物琐碎，不同的是，它由农村变为乡镇，由农民变为手工业者和贫民，是从人对自然的依附到人对文明和文化的依附，而愚昧扎根于文化所带来的伤害更甚。

葛浩文说:"萧红在此书中,处处强烈地攻击农人们的那种被虐待狂般的反任何改善他们生活之举的态度。就像萧红本人一样,这些农人们是他们自己最大的敌人。"在葛浩文看来,萧红出身于东北农人手工业者中间,身上带出一些他们的特性:被虐待狂(萧红自愿承受着几个男人的虐待)。她攻击他们是因为她清楚地看到了蒙昧的生活态度,但她自己也无法摆脱,所以她只有批判,而不能给出解决痛苦的办法。

在这片小城生活着的人既残酷又善良,既自私又纯朴,既极端好奇又畏首畏尾,一边反抗,一边又饱受折磨。这便是人类所面临的困境,天性里的善和与生俱来的劣根性交相混杂,形成亦正亦邪的双重性格。正如一位网友所说:"他们在面对命运时惶恐困惑,得过且过混吃等死,彼此伤害相互折磨,如福克纳所说,他们在苦熬。"

作为非自觉作家的萧红,和自觉知识分子鲁迅是不一样的(在同样的文化土地上,鲁迅挖掘出了民族文化心理),她无法提升生、老、病、死的价值,只能对现状一一展现,然而这现状并非某些人所说她笔下的人物都流向没有价值归属的虚无主义状态,像赵三说的"人死了就完了",他们像众多的中国百姓一样有着现世的希望,活着本身就是人生的意义,并没有因为"死了就完了"而不"好好"地活,他们仍旧有对生的坚强和对死的挣扎。

有二伯说:"人死还不如一只鸡。"有二伯是"我"家的长工,他"作弄成一个耍猴不像耍猴的,讨饭不像讨饭的,可他一走起路来,却是端庄、沉静,两个脚跟非常有力……好像一位大将军似的"。可见有二伯是有自尊的,无论身上衣服怎样破旧,也要摆出将军的样子。然而,他偷东西,被父亲打,被人笑话,被厨子捉弄……夜里又哭又骂满心委屈的有二伯终于要上吊了,后来又要跳井,直到被人觉得他是贪生怕死之辈,以后有二伯再"跳井""上吊"也都没有人看他了……

磨房里住着冯歪嘴子,后来又住着王大姑娘和一个小孩,王大姑娘就成了众人聊说的对象,"全院子的人给王大姑娘做论的做论,做传的做传,还有给她做日记的"。冷言冷语,冷风冷饭,冯歪嘴子的女人王大姑娘死了,大家觉得这回冯歪嘴子算完了,看吧,看他可怎么办。"看热闹吧,冯歪嘴子又该喝酒了,又该坐在磨盘上哭了"。然而,冯歪嘴子的儿子一天比一天大,他也欢喜得不得了。

最"好看"的热闹要数小团圆媳妇被用开水烫,这个长得粗壮却很幼稚,一点不像个团圆媳妇的女孩子要被打得像一点,没有打像却被打病了,婆家还是很疼她的,舍得为她花钱,请跳大神的来,大神打着鼓,命令她当众脱了衣裳,抬进装满滚热的水的大缸里。她在大缸里叫着跳着,终于给烫晕过去了。大神怕看热闹的人觉得没啥可看走了,赶紧用银针把小团圆媳妇扎醒过来,说要洗三次,一听还有两次可看,于是人心大为振奋了……

鲁迅笔下看客是彻底麻木的,萧红笔下的看客却是有心而用情的,他们一边觉得好看,一边又以为这是为"被看人"好,甚至会想起来她怕不怕羞,赶紧让她穿衣服。这种双重性格让人好气又好笑,恨不能打醒他们。

萧红的叙述冷静而有节制,不追求故事性,不强调戏剧冲突，娓娓道来便已把人类的灵魂清晰地摆在祭坛之上。

她一方面在回忆中倾倒出这种令人窒息的生活，另一方面又托出自己儿时如牧歌般的童年趣味。

> 呼兰河这小城里边，以前住着我的祖父，现在埋着我的祖父……

祖父带给她的快乐以致让她有后园有祖父就够了。

她那颗敏感且脆弱的心把儿时所见所闻之事一一摄入，童年的体验造就了她作为艺术家的心理结构和意象结构，在此拟设了一个儿童视角，在回溯性叙事框架下前进，用抵达内心深处的古老记忆使自我的精神得到拯救。

这段刻骨的情感回忆，也时时让萧红滑入空虚。七月十五盂兰盆会，呼兰河上放河灯的习俗，"灯光照得河水幽幽地发亮。水上跳跃着天空的月亮。真是人生何世，会有这样好的景况"。然而在漂流的过程中，河灯有的被挂住了，有的半路灭了，有的被渔船取了两只走，到后来河灯越来越稀疏，显出荒凉孤寂的样子来，只剩下了繁华落尽的悲凉。一句"那河灯，到底是要漂到哪里去呢"仿佛是对人生的追问，这追问没有回音，人心就愈发空虚起来……呼兰河上的情、事不免带上宿命般悲哀的意味，使小说处处透露着悲悯的虚无情调，而非葛浩文所说的"强烈的攻击"，正如罗维在《苦难与拯救——论〈生死场〉和〈呼兰河传〉主题意蕴的对应性》中所说："在那里既不是天堂，也不是地狱，是有着温情的让人悲悯的人间世。"

人生也便如这河流上的河灯，缓缓地、沉静地、无着无落地顺水漂去，或许能到尽头，但尽头也终不过是个土馒头。

罗丹说："真正的美，正如真正的艺术一样，是非常朴素的，并且是人人理解的。"萧红的小说就有一种朴素之美。《呼兰河传》完成之后，她长出一口气，满心欢喜，大概是因为这是她一直以来最想表达的东西，革命、战争、政治、阶级都是隔了一层的东西，只有她自己的家乡、她从小眼看着的事实才是从内心深处自然而然流淌出来的，这是她最熟悉的素材，以小女孩的视角毫无偏见地写出来，自己也觉得非常满意。

《小城三月》凄美的爱情故事

在香港的萧红开始思乡，《小城三月》一反先前与家人敌对的态度，写得很温情，冷酷、阴险的父亲变得和蔼可亲，被她鄙视、嫌恶的继母变得温柔善良，让她害怕且深恶痛绝的大伯也很开明，喜欢跟大家说些笑话。还有小姨、堂哥、堂弟们在一起玩得很开心，生活丰富多彩且浪漫有趣，整个家庭充盈着一种富有人情味的色彩。这篇小说体现了萧红当时的心情，在他乡的日子让她不由得开始回顾家乡的亲人，多番颠簸使她对生活与人类有了宽容的谅解，因此与亲人在精神上也达成了和解。

然而全篇并非只是一味美化她的家庭,最重要的是刻画了一个凄美如林黛玉般的人物翠姨。

《小城三月》是我读过萧红的第一篇小说,至今还是觉得这篇最好。像一个美丽的童话,因其悲剧性更显得凄艳,它的基调用端木为其画的封面表述也极为贴切:一辆马车在北方荒寒的雪地上奔跑,一个少女寂寂然站立。这个中篇小说的悲剧是由人物性格所致,而非外界环境所造成,便符合了王国维对悲剧的三重论中的最高一级——性格悲剧。

"我"和翠姨去买绒绳鞋,转了几家铺子没买到,大大咧咧的"我"都把这事忘了,过了两天她却又提议要去买。这样的女孩子表面上不言不语,其实心像针一样细,同一件事情,在别人是微不足道的,她却已经千回百转、愁肠百结了,外面飞着满天大雪,"我"和翠姨在静悄无声的街上一家挨一家问着,最后还是没买到,她说:"我的命,不会好的。"仅仅是一双绒绳鞋,就让她联想到自己的命不会好,她所渴望的东西是无论怎样努力都无法得到的——也许她在心里悄悄地计算着,如果能买到会怎么样,买不到又会怎么样,就像我们时常无法确定一件事情的时候往水里扔小石子,以远近的目标预测心愿是否能达成一样,命运在她的眼中就是掷骰子,她不是下注的人,不是白流苏,把自己押上去赌,她只等着上帝把自己掷在哪里就是哪里了。

她爱上了"我"漂亮文静的哥哥。有些女子就是这样,爱永远无法说出口,这不是封建礼教的镇压,不是保守思想的荼毒,是她天性里的矜持、含蓄、凄婉、感伤,这种天性原本是非常美的,这种感情也在朦胧中显示出它的高贵典雅,可是，"说不出口的爱"却最终让她郁郁而终。

她的死是对她的爱情的成全——她躲过了她不爱的人（在顺从的品性下她订了婚，没有人知道她的心思，所以不能说是别人造就了她的悲剧），亦了结了将伴随一生的对所爱之人的无望之情。

所以，我甚至不觉得翠姨的死是悲剧。她完成了自己，矜持、含蓄、凄婉、感伤，"任万物自生，如天观世。每个生命的美丽都不去驾驭，自现而自隐，自灭而自生。黛玉和宝玉，爱得那么深切，也没有说，我爱你，一点也没有。它就是两个心的显示过程。"顾城如是说。翠姨的心也是一个显示过程，自现而自隐，自灭而自生，只可惜落花有意，流水无情，"哥哥"太懵懂，没有与她心意相通，就无法水到渠成。（他刚一伸出手去，翠姨就突然地拉住他的手，而且大声哭起来了，好像一颗心也哭出来了似的。哥哥没有准备，就很害怕，不知道说什么、做什么。他不知道现在该是保护翠姨的地位，还是保护自己的地位。）不像安东妮《马拉凯海岬》那个平凡温暖的故事：在同一片海岬上捞海草，她不住地骂他、赶他、嘲笑他，他却一直试图去她无法到达的更远的地方捞海草，以便把近处容易捞到的留给她，最终掉进大窟窿里，她把他救上来时看到他的脸：好俊俏的一张脸啊。什么也没说，便水到渠成地在一起了。人生本来可以如此简单的。

翠姨的心只有她自己懂得。

有时候爱情真的只是一个人的事情。

何况，到了现代这个浮躁的社会，还会有谁去慢慢地读懂你的心，一点一点体会到你的深情。现在的男女结合就像在酒吧里顺手扯过一个便是了,今朝还在一起,明晨就可能是陌路。然而这一夜或者说这一段时期也充盈着"爱""喜欢"等等肉麻的词汇,与翠姨、林妹妹的古典深情比起来是多么苍白无力甚至可笑啊,我们几乎已经完全失去了那种矜持之美,失去了爱的能力。

《马伯乐》一场闹剧

长篇小说《马伯乐》是萧红小说中的一个异数,一反悠长的抒情调子,刻薄、讽刺、嬉笑怒骂,挥洒自如地发挥了她的冷幽默才能。主人公马伯乐是一名知识分子(如同中国一部分知识分子一样),自私自利、自以为是、自相矛盾、懦弱无能、胆小如鼠、空虚飘浮、装腔作势……

马伯乐对什么都看不惯,冷嘲热讽之后没想到自己也是那样的人。他看不惯父亲一味地崇洋媚外,自己却也对中国人看不过眼,一次被人踩了脚,他出口便骂"真他妈的中国人",回头一看是外国人,赶忙向人家道歉;他嘲笑父亲是守财奴、看钱兽、保险箱、石头柜,自己生了病却从不吃药,孩子生了病也是喂饼干,"不吃白不吃,就当药钱把它吃了"。孩子偏不吃,他就把饼干泡在水里灌,然后倒了孩子一脸糨糊。买完三个铜板的黄豆芽,又向筐子里抓上一把,过了秤,讲好了价，他又非要换一条大的鱼，买菠菜、买大葱也要自己伸出手多抢几棵，只有买豆腐的时候他是安然地站在一边等着，因为豆腐像邮票一样，一排排都是一般大。

他还爱发表宏论。他坚信日本人必来打中国，别人说他神经质，他就愤愤不平地恨那人连一点民族国家的思想都没有，"这算完，中国人都像你这个人，中国非非……非他妈的……""中国尽这样的人还行吗？"中国尽这样的人是不行，但尽是他这样只会害怕，一听要打立马奔逃的人就行了吗？"到那时可怎么办哪？"这是马伯乐的又一口头禅，等到日本人果真打到上海的时候，他倒是很兴奋，你看，我说得没错吧，还洋洋得意又胆颤心惊地坐上人力车去瞧瞧北四川路的逃难情景，然后打包，购粮，准备潜逃。"万事总要留个退步"，这是他的第三句口头禅。

他时常有悲哀的情绪，看见天阴了，就说："是个灰色的世界呵！""人生是没有什么意思的，若是没有钱。"可怜兮兮却又滑头滑脑，有一夜甚至躺在旅馆的床上哭起来，太太照着他过去哭的老例子，问他要什么，去年他不就是为一条领带哭了半夜吗？"你可要买领带吗？""你要抽好烟卷吗？""你要钱吗？"直到太太把所有的存折都交于他手，他抑郁的心情才稍微好起来。

上海也住不得了，他们一家人又去赶火车，逃难的人拼命地挤着，最后马伯乐一人站在火车门口挥着手叫着，没挤上去的太太无奈且无力地守着三个孩子和一堆箱子。人说"夫妻本是同命鸟，大难临头各自飞"，太太生气地想，让他一个人飞好了——不是，让他自己走好了。马伯乐总算还有点良心，又从火车上下来了,还埋怨妻子怎么不往上挤。这一次他驮了最小的女儿,拿着箱子往上挤,总算上了火车。但是过淞江桥的时候,他的大箱子提不动了,他的雅格(父亲崇洋媚外,孙子、孙女都是外国名)也抱不动了,而哪一样也不能丢,装着西装的箱子怎么能丢呢?女儿也是不好丢的,最后摔到铁道下面的水里去了。

"逃难"仿佛是生命中的一个隐喻,他一味地逃离,不幸就一味地追击,如影随形。生活真的是这般一地鸡毛,在汹涌的浪潮中,每个人都变得滑稽可笑么?还是只有萧红笔下这一小部分知识分子如此?在特殊情境之下,利己主义完全可以把滑稽可笑的人群扩大。

这只不能自力更生的"迷途羔羊东飘西荡,成为十足的懦夫"。马伯乐成了一个笑话,而友人家的女儿王小姐却爱上了这个笑话,爱情引发了他的诗情,一切变得朦胧美丽起来,然而鉴于"要想不被别人拒绝就先拒绝别人"的理念,他很快失恋了……

"不久,马伯乐又沉到悲哀里去,似乎又想起王小姐来,也或者不是,不过就只觉得前途渺茫。"不久,又会有多少马先生想起他的王小姐,偶尔说一声:"在所有人事已非的景色里,我依然喜欢你。"他把歌词"我最喜欢你"改成"我依然喜欢你",因为马先生心目中的王小姐太多了,"依然"是一种贪婪的延续,他懦弱的心性唯有这种贪婪,而不可能有决绝的"最","最"是一种悲壮的姿势,不可能发生在滑稽可笑的人身上。

马伯乐又开始了另一轮的逃难。到底,萧红都给人以笑。别人都在流眼泪(忙着救亡),你却一点不严肃(启蒙是什么），怎么可以？萧红的《马伯乐》生不逢时，未能被同时代人所接受。

然而这种幽默讽刺的写法还是流传下来了，我当时读它，越读越觉得有一种熟悉的感觉，终于想起是钱钟书的《围城》里的情景，方鸿渐在学校讲课越讲越刹不住，最后终于变成一场闹剧。马伯乐要去上海开书店，全家人为他祈祷的场面也成了一场闹剧吧。

小说是好读的，但未免有些拖沓。马伯乐的形象也正反驳了当初有人说萧红不会写人物的说法。

圆兄：

好久没给您信了，前边谱定有一信给您，均由记德转一信，不知可收到没有。我即稿子是没有用的，拿过就请撕毁好了，因为不久即有书出版的。

民国史，第二部上正读。碧玉户未动有也。

零零碎碎银连写，积着此时，刚来到久，说已一年了。不知何时得同碧户，父后，来更为如要思念家园，香港天气正好，出外野游的人渐多多？不知碧户大雾远信给？……为此祝

好

读好信，至感。

萧
一月廿九日

萧红手迹。仔细端详，点、横、撇、捺之间，一股生动的气息扑面而来。

结 语

人，得自个儿成全自个儿

人们对萧红的评价，常常不是在文学上拔高，就是在人格上贬低，或者在文学上贬低又在人格上拔高。

林贤治说，在中国现代文学史上，萧红是继鲁迅之后的一位伟大的平民作家，是天生的先锋派，主流文学史低估了萧红的价值，100年来的文学史必须重写。"现今的文学史，郭沫若、茅盾、巴金等都被高估了。……上世纪80年代来了个夏志清，沈从文、钱钟书、张爱玲从暗处转向明处，实际成就也被夸大了。沈从文的代表作《边城》可以说是一部'才子书'，用他的话来形容，不过是一座供'美神'的'小庙'而已。《围城》是'促狭鬼'的作品，里面并没有什么高深的哲学。'张迷'满天下，我赞成黄裳对张爱玲的评价：'气局不大'。"

萧红是否可以称得上"伟大"呢？也许林先生的标准比较低，如此便可以，但是沈从文、张爱玲、钱钟书都入不了林先生的法眼，可见林贤治标准之"高"了。在他的眼中，萧红是"天生的先锋派"，她的"伟大有天才成分"，而沈从文、钱钟书、张爱玲这三人的作品不过是"才子书"，"促狭鬼"，"气局不大"，他为了拔高萧红的文学成就，不惜如此武断地下结论。

他还对记者说:"萧红无论为人或为文,都无可复制。比如,她至死仍然追求爱、追求自由,我们中间有多少人可以做到呢?"

其实每个人都有自己的风格和特性,鲁迅、沈从文、张爱玲等都是不可复制的;萧红所追求的爱和自由也是很多人都在追求的,只因为她对爱过于缺乏的状态和对人过分依赖的心理,所以在众人看来她的"奋力"就极其明显,而且,我也怀疑:一次又一次对爱的"攫取"可以看作是对爱的追求吗?每一次爱情都是对上一次的否定,也许恰恰是那些或淡然如水似赵四小姐,或寂寞决绝如张爱玲,或激烈不容置疑如小凤仙的女人才是真正心存爱情的人。弗洛姆在《爱的艺术》中说:"最重要的是学会一个人单独待着,而且不看书,不听广播,不抽烟和不喝酒。有没有集中的能力表现在能不能单独地待着——而这种能力又是学会爱的一个条件。正因为我们不能自力更生,所以只能把自己同另一个人关联在一起,这个人也许就是我的生命的拯救者,但是这种关系同爱情无关。"

《新京报》记者张弘大概也敏感地感觉到了林先生的避重就轻,尖锐地问道:"你对萧红爱情悲剧的解释是她对男权社会的反抗所引起的'文化价值观念深层冲突的结果',但是我认为,萧红自身的性格因素恐怕也是爱情悲剧中重要的一环,但是你很少论及这一点,为什么?"林贤治忽略或者说回避了萧红的性格因素,他说:"悲剧不仅仅表现为性格冲突,实际上,它超越了单纯的生理学和心理学的意义,在更深的层面上,同时也反映了价值观念的冲突,文化的冲突。"

自古以来悲剧产生的根源大多都是个人的性格,哈姆雷特、李尔王、奥塞罗，如果不是他们自己的犹豫不决、摇摆多疑、鲁莽武断，恶人又怎么能乘虚而入呢？林贤治把萧红的悲剧完全归咎于社会环境、文化环境——这是一个庞大的主题，把原因往外界一推既省事又不容易让人找出纰漏。不管怎么说，所有的悲剧或多或少都可以从"外界"找到原因——如此不仅对萧红的全面了解造成一种误导，还让世人对自己的命运产生一种怨天尤人的嗟叹。把不幸降临到她头上的原因，归结为恶人（社会环境之险恶）和盲目的命运（命运的偶然性），是不负责任的表现。王国维说："普通人在普通的境遇下，明知其害却不得不如此，人生最大的不幸，不是例外之事，而是人生所固有的。前两种悲剧如蛇蝎之人，如盲目的命运，虽使人战栗，但也罕见。第三种悲剧（性格悲剧）则无时无刻不坠落于我们面前。"萧红的悲剧不是意外，而是必然，是其性格的必然。

马贼说："林贤治是有热情、有思想的作家，王彬彬是位有才华的学者，二人为文，常有卓见。而在萧红问题上，卓见中掺杂着太多偏见，偏见中隐藏着愚蠢。"

王彬彬恰恰走向了林贤治的反面，他在《关于萧红的评价问题》中着重强调：鲁迅在序中说《生死场》"自然还不过是略图"，这是在委婉地表达自己对《生死场》的严重否定，意味着这部小说充其量只是半成品；鲁迅说《生死场》"叙事和写景，胜于人物的描写"，被王彬彬阐释成：这就意味着鲁迅认为《生死场》对于人物的描写很不好，但也不意味着"叙事写景"就很好，只不过比起人物的描写来，要好一些而已。王彬彬不惜"断章取义，过度阐释，甚至歪曲"，并引用鲁迅写序言后致二萧的信作证:"那序文上,有一句'叙事和写景,胜于人物的描写',也并不是好话,也可以解作描写人物并不怎么好。因为作序文,也要顾及销路,所以只得说得弯曲一点。"鲁迅提点、爱护后辈之心可见,但是鲁迅说"不是好话"并非就是王彬彬的全盘否定,只是对"描写人物并不怎么好"的婉曲表达。

王先生是硬着头皮才把萧红的《生死场》读完的,并解释胡风后记中的评价为"语言非常别扭,极其生涩,有着随处可见的文法问题";至于《呼兰河传》,他认为仍然体现为"艺术上的不无拙涩",仍给人以"'略图'和草稿的感觉"。

王彬彬这篇文章着重针对孟悦、戴锦华女士所写的《浮出历史地表》中用女性主义理论过分解读萧红的现象。孟、戴两人用西方"女性主义"抽丝剥茧般在萧红的小说中读出了"女性身体""女性苦难""女性经验",认为《生死场》中没有以人物为情节,没有面目清晰的人物形象,并非因为萧红力有未逮,而是一种刻意的"构思",是一种精心的选择;对于胡风说的萧红的语言功力不够,孟、戴两人则认为是萧红的艺术创新,是表达新鲜的女性经验的必要……王先生对此很不忿,关于这一点,我也非常赞同王彬彬的观点。孟、戴显然是牵强附会,这种方式也是某些"先锋小说"作者和评论者惯用的伎俩。他们总是喜欢用某些西方引进的新名词XX主义、XX派(现代主义、后现代主义、荒诞派、黑色幽默,等等),甚至有网友撰文称萧红是开世界冷幽默文学先河的大师(《贯穿萧红生命的冷幽默是一个世界文学流派》),网友自己都能拿个词创造出一个流派来,套到萧红头上,生拉硬扯地扯出点门道来。然而,一部文学作品的文学价值并不取决于它所表达的"主义",正如王彬彬所说:一部强烈表达了女性主义,或任何一种别的"主义"的作品,仍然可能是一部稚嫩、平庸或拙劣的作品。

用女性主义来标榜萧红的文章才是评论家力有未逮的,作品好坏实在与题材无关,你写女性身体也不会比写男性身体更高明、更有价值、更值得提倡。

还有不一样的理解,郝庆军说:"在萧红的散文和小说中你很难发现关于美好爱情的描写,更多的是像动物一样赤裸裸的男女交合的场景,毫无美感可言。这从一个侧面可以窥视到,在萧红的情感世界中,'性'从来就不具备身体美感和生命的庄严感,只不过是一种与说话、走路一样的交往方式或者讨好男人、换取利益的工具而已。"他所看到的只是没有美感和庄严感的动物般的生命,既没有苦难也没有庄严,没有女性也没有男性。也许郝先生比较精神化,更关注精神层面,忽略了人之所以为人,是从动物开始的,虽怒其不争,但情有可原,虽然不纯粹,但她们所遭受的苦难亦值得同情。我一直认为郝庆军对萧红的解读是比较深刻的,但在某些地方也存在着"过度阐释",我们可以就作品推断作者,但是不能把作者与作品人物等同起来,难道写个小偷作者就是小偷(或者存在偷窃心理),纳博科夫写《洛丽塔》,他本人就是色情狂了吗?萧红是作为一个清醒者来叙写愚昧者,他们在她笔下是被批判和否定的,这种情况就不能把作者和人物重叠在一起,不可以此来断定萧红便是自己笔下那些赤裸裸的动物般的男女中的一分子。虽然她的爱情是不纯粹的,但我们也不必走向纯粹的反面,完全认定她把爱情当作"换取利益的工具"。

萧红虽称不上一个伟大的作家，但无可怀疑她是一个很有天赋、很有才华的作家。我们不要把她"骂杀"，也不必"捧杀"。除了"作家"的头衔，萧红首先是一个人，我们只须富有人情味地看待，可以为她悲为她喜为她怒——我是为她怒的，"怒其不争"，这也是本书的总体基调。也许有时候我对人性的苛求使读者觉得我过于吹毛求疵了，与以往萧红在某些人心目中的坚强、成熟、美丽、温柔相悖，但是请相信，我对她是心怀悲悯的，但对她的悲悯不是站在高处的俯视，而是如同佛家所说的"大悲悯"，是对整个世界所有世人，包括我自己的悲悯。人生已经这么艰难，无论是否能够改变悲剧命运，我们都要清楚地知道性格决定命运——即使有命运的偶然性——人必须为自己负责。"人，得自个儿成全自个儿。"

主要参考文献

萧红,《萧红大全集》,新世界出版社,2012年版

叶君,《从异乡到异乡》,中国社会科学出版社,2009年版

季红真,《呼兰河的女儿》,现代出版社,2011年版

葛浩文,《萧红评传》,北方文艺出版社,2011年版

孔海立,《忧郁的东北人——端木蕻良》,上海书店出版社,1999年版

郝庆军,《在生存需求与浪漫爱情之间——对萧红与萧军及端木蕻良关系的几点考证》,《甘肃社会科学》2005年第5期

王彬彬,《关于萧红的评价问题》,《中国现代文学研究丛刊》2011年第8期

林贤治,《萧红是伟大的 文学成就被严重低估》,《新京报》,2009年2月25日

马贼,《卓见中的偏见,偏见中的愚蠢——关于萧红的评价问题》,http://blog.sina.com.cn/s/blog_4fc9ebfc0100uiid.html 2011年11月5日

图书在版编目（CIP）数据

此生注定爱就是痛：萧红别传 / 月下著 .-- 北京：新世界出版社，2014.1
ISBN 978-7-5104-4796-9

Ⅰ.①此… Ⅱ.①月… Ⅲ.①萧红（1911～1942）—传记 Ⅳ.① K825.6

中国版本图书馆 CIP 数据核字（2013）第 321085 号

此生注定爱就是痛：萧红别传

作　　者	月　下
责任编辑	丁　鼎
责任印制	李一鸣　杨　扬
出版发行	新世界出版社
社　　址	北京西城区百万庄大街 24 号（100037）
发 行 部	（010）68995968　（010）68998733（传真）
总 编 室	（010）68995424　（010）68326679（传真）

http://www.nwp.cn
http://www.newworld-press.com
版权部电话　+8610 68996306
版权部电子信箱　frank@nwp.com.cn

印　　刷	三河市祥达印刷包装有限公司
经　　销	新华书店
开　　本	640×940　1/16
字　　数	150 千字　印张：15.75
版　　次	2014 年 2 月第 1 版　2014 年 2 月第 1 次印刷
书　　号	ISBN 978-7-5104-4796-9
定　　价	29.80 元

版权所有，侵权必究

凡购本社图书，如有缺页、倒页、脱页等印装错误，可随时退换。
客服电话：（010）6899 8638